잠자는 붓다 깨우기

잠자는 붓다 깨우기

정봉무무 스님의 소참법문

어의운하

차례

•

01

도대체 우리는
어떻게 살아야 할까?

사람들이 너무나 귀한 생명을 받고 이 세상에 태어났는데, 지금껏 살아오면서 생로병사生老病死 문제를 해결하고자 하는 생각을 잘 안 합니다. 그냥 남들이 사니까 살고, 재수가 있어서 좀 더 잘 살고, 노력해서 돈 많이 벌면 좋고, 그렇게 살고 있습니다. 그런데 이 세상에서 그렇게 안 사신 분이 딱 한 분 계세요. 그분이 바로 부처님입니다.

부처님 가르침이 그렇습니다. 복 빌고 하는 것은 낮은 차원의 일입니다. 부처님은 가장 근원적으로 죽지 않는 도리를 깨쳤습니다. 죽지 않은 도리, 생사의 도리를 깨친 분을 부처라고 합니다. 석가모니 부처님뿐만 아니라, 죽음의 문제를 완벽하게 해결하신 분을 다 '부처님'이라고 합니다. 그리고 그 길을 가는 자를 수행자라고 하는데, 머리 깎고 공부하는 사람들이 딴 공부하는 게 아니고, 바로 생로병사 우비고뇌에서 생사를 요달하려고 공부하는 겁니다.

부처님 말씀에 고개를 돌린 사람들

석가모니 부처님께서 도를 깨치고 처음 하신 말씀이 "모든 중생에게 생로병사生老病死 우비고뇌憂悲苦惱에서 벗어날 수 있는 길을 가르쳐 주겠다."고 하신 겁니다. 그 길을 가르쳐 주려고 큰 원력을 세워서 도를 깨닫고 49년 동안 인도 전역을 맨발로 걸으면서 교화하셨습니다. 거기에 귀를 조금 기울인 사람은 조금 혜택을 보고, 많이 기울인 사람은 많은 혜택을 봤습니다. 또 크게 믿는 사람은 크게 혜택을 보고, 작게 믿는 사람은 작게 혜택을 봤습니다. 고개를 돌리고 아예 관심 안 가진 사람은 영원히 생로병사 우비고뇌에서 벗어나지 못하고 악도에 떨어져서 끝도 없이 헤매고 있습니다.

　지금 여기에 살고 있는 모든 사람이 그때 다 고개 돌린 사람들이라고 봐야 합니다. 지금 육도에 있는 모든 생명이 그때 그 귀한 부처님 법문 잘 듣고 깨달음을 얻었으면 지금 이렇게 살지 않고 있겠죠. 고통 속에 헤매지 않고, 영원히 악도는 면하고, 죽음을 벗어나는, 그런 세계에서 노닐 겁니다.

　저는 서른 살 될 때까지 불법佛法을 몰랐습니다. 그랬는데, 딱 한 소리에 완전히 세상이 바뀌었습니다. "죽지 않는 도리가 있다."는 내용입니다. 이 부처님 가르침을 보고, "그래? 내가 100년 살다 가면 어찌 될지 모르고 영원히 사라지는데, 그런 길이 있다니!"하고 바로 세상에 대한 집착을 끝내버렸습니다. 그 이후부터 지금까지 단 한 번도 세상에 미련을 가진 적이 없습니다. 생로병사를 벗어나는 도리가 있다고 하는데, 귀 기울여야 합니다. 맨날 지지고 볶고 살아봐야 남는 게 하나도 없고, 결국 죽으면 빈손으로 갑니다.

우리 생명이 얼마나 귀합니까. 어디서 왔는지도 모르고, 또 어디로 가는지도 모르고 살지만, 어쨌든 자기 생명은 고귀합니다. 누가 황금을 한 트럭 갖다줘도 안 바꿉니다. 그렇게 귀한 생명을 받아서 이 세상에 나왔는데, 죽음에 대해서 사유를 안 해본다고 하는 건 참 슬픈 일이지요. 그냥 남 따라왔다가 남 따라간다는 것은 참 어리석은 일입니다. 그래서 살아생전에 성인들의 말에 귀를 기울여 듣고, 사유해서, 만약에 그런 길이 있다는 것을 알게 된다면 얼마나 행운인가요. 그런데 아예 귀를 안 기울이면 참 슬픈 일입니다. 그 길을 해결하고 그 길을 가신 분이 있다는 사실만으로도 우리는 참 축복입니다. 지금 이 말을 들으면 솔깃해야 합니다. 너무나 중요한 이야기입니다. 소중한 인연이고 소중한 기회를 만났으니까, 한번 들어보세요.

사람들은 세상에 애착이 많고 집착이 많습니다. 너무나 무지하게 살죠. 말도 못하게 무지하게 삽니다. 가장 큰 무지가 뭐냐면, 실재하지 않는 것을 실재한다고 생각하고 살아갑니다. 내 아내, 내 남편, 내 자식, 내 부모가 실재하지 않는데, 실재한다고 생각하고 삽니다. 이 말 이해하시겠어요? 대부분 이해를 잘 못합니다. 그래서 첫판부터 바르게 갈 수가 없는 겁니다. 거꾸로 사는 겁니다. 실재하지 않으면서 실재한다고 여기고 아등바등 살아온 거예요. 부처님께서 도를 깨치고 이렇게 생각합니다. '이걸 어떻게 이야기할까? 아무도 못 알아들을 텐데.' 벌써 첫판부터 이해할 수가 없습니다.

시시각각 사라지고, 무너지는 나

우리는 바닷물이 실재한다고 여기잖아요. 저것은 물이다, 그러잖아요. 그런데 아귀 세계에서 아귀는 그 물을 절대로 물로 안 봅니다. 이 우주에는 수많은 의식의 층이 있습니다. 인간 말고도 물고기, 개, 고양이 등등 수많은 생명이 있습니다. 각각의 생명들은 똑같은 물건 하나를 보고도 절대로 똑같이 안 봅니다. 다 착각으로 봅니다. 한번 생각해 보세요. 내 자식이 배 속에서 태어나면 내 피붙이라고 분명히 알잖아요. 내 속에서 태어났기 때문에 피붙이입니다. 내 자식이죠. 그런데 7년 안에 뼛속 골수까지 엄마 배 속에서 가져온 것은 싹 다 사라지고 새로 만들어 냅니다. 부모한테서 가져온 것은 단 한 개도 없습니다. 7년 안에 다 사라져 버리는 겁니다. 거기에서 내 자식이라고 할 만한 것은 아무것도 없어요. 몸의 모든 세포가 다 바뀝니다. 고정돼 있는 것은 하나도 없습니다. 거기에 내 자식이 어디 있어요? 단 한 순간도 고정된 어떤 틀로 붙잡을 수 있는 것은 아무것도 없습니다. 부모 형제 자식도 마찬가지입니다. 지금 시시각각으로 끝도 없이 사라지고, 파괴되고, 무너져 가고 있는 겁니다.

이 우주에 고정된 어떤 실체라고 할 만한 것은 단 한 개도 없습니다. 그런데 있다고 딱 붙잡고 있습니다. 평생 애착 집착 가지고 내 자식, 내 부모, 내 형제, 하면서 어리석게 산다는 겁니다. 지금까지 우리가 이렇게 살았잖아요. 아무것도 모르면서 큰소리치고 산다는 겁니다. 전도몽상, 뒤바뀐 생각 속에서 있지도 않은 것을 있다고 애착하고, 평생 거기에 놀아나고, 어리석게 바보같이 살고 있다는 겁니다.

그럼 어떻게 해야 하느냐? 자기가 누군지 봐야 해요. '나'라는 존재는 누구냐? 이 몸뚱이 갖고 평생 '나'라고 살았는데, 이게 '나'가 아니라고 하면, 이게 실재하지 않는다고 하면, '나'는 도대체 누구냐? 단 한 번이라도 생각해보셨어요?

너무나 어리석게 살고 있습니다. 단 한 번도 자기 자신에 대해서 누군지 생각 한 번도 안 하고 사는 겁니다.

나는 찰나찰나 끝도 없이 변해가고 있는데, 이걸 고정된 나라고 여기고 평생을 삽니다. 왜 그러느냐? 비슷한 모습으로 현재 상태의 모습과 비슷한 형상을 끝도 없이 상속해내거든요. 세포는 동질성을 좋아하니까요. 세포는 같은 종류의 세포를 만들어 내려는 성질이 있습니다. 어떤 고정된 틀 안에서 그 모습을 끝도 없이 형성해 내기 때문에 거울 보면 어제 내 모습과 비슷하거나 똑같다고 생각합니다. 착각입니다. 하나도 안 비슷해요. 하나도 안 똑같아요. 같은 동질성을 끝도 없이 만들어 내기 때문에 자기라고 착각하는 겁니다. 나는 항상 존재해, 나는 이러이러한 나야, 합니다. 자기가 아닌데도 자기가 비슷하게 변하니까 모르는 겁니다.

영화에서 영상 1초에 24개의 사진이 움직입니다. 사진이 화면에서 1초마다 24개가 지나가니까 움직이게 보이는 것이죠. 그런 식으로 찰나찰나 몸이 싹싹 변해갑니다. 그러니까 마치 몸이 움직이는 것처럼 보이는 겁니다. 더구나 요새는 3D로 입체적인 영상으로 나타나니까 더욱 눈치를 못 채죠. 그런 면에서 우리 몸은 3D입니다. 이 몸은 3D 입체입니다. 이 몸이 3D 입체로 끝도 없이 변해 나가기 때문에, 단 한 번도 자기라고 하는 실체는 없는 것입니다. 그런데 이 가짜 자기를 놓고 자기라고 평생 사는 겁니다.

우선 악도는 가지 말자

그래서 부처님께서 "세상 사람들은 너무나 어리석다. 정말
로 꿈같은 세상, 허망한 세상인데, 있지도 않은 것을 있다고
착각하고, 뒤바뀐 어리석은 생각 때문에 몸을 자기라고 여
기고, 평생 아등바등하다가, 죽을 때 어디 갈 줄도 모르고
가는구나. 애달프다." 이렇게 말씀하신 겁니다.

고개를 숙이고, 귀를 기울이면 생로병사 우비고뇌에서
벗어날 수 있습니다. 태어나서 늙고 병들어 죽는 모든 고통
을 해결할 수 있는 길이 있으니 귀담아들으라는 겁니다. 너
무 귀한 시간입니다. 왜냐면 다음 생에 인간 몸 받기가 어렵
습니다. 우주의 법칙이 그래요. 우주 법칙에 어긋난 삶을 산
존재들이 현재의 몸을 유지할 수 있느냐? 불가능합니다. 그
래서 이번 생에 반드시 이걸 배워라, 그리고 벗어나라, 그러
는 겁니다. 그런데 벗어나는 사람이 별로 없어요. 애착과 집
착, 끝도 없이 유혹 속에서 헤매기 때문에 그렇습니다.

우리가 지금은 의식을 가지고 사유할 수 있지만, 숨이 뚝
끊어지면 무의식 세계로 떨어져 버립니다. 왜냐면 자기가

스스로 감당을 못하기 때문에 그렇습니다. 자기가 감당을 못하는 것은 우리 뇌에서 싹 지웁니다. 잊어버리게 만들죠. 사람 사는 것도 그렇잖아요. 자기가 진짜 부끄럽고, 어떤 못난 일을 했던 사람은 그것을 잊어버리려고 애를 많이 씁니다. 이 세상에서 가장 감당 못하는 어떤 충격적인 일이 발생했을 때는 뇌에서 싹 덮어버립니다. 우리가 죽음에 임했을 때 감당할 수 없는 업보는 컴퓨터 프로그램 지우듯이 싹 덮어버립니다. 그렇게 잊은 후에 자기가 지은 과거 생의 업보대로 축생이나 벌레 등의 몸을 받아서 고통받게 됩니다.

우리가 죽음에 임했을 때 그 충격은 말로 할 수 없어서, 감당을 못하고 과거 기억을 잊어버리게 돼 있어요. 그래서 과거를 기억하지 못하는 겁니다. 과거를 기억하지 못하지만, 입력은 다 돼 있습니다. 우리가 컴퓨터 파일을 다 지웠다고 하지만, 컴퓨터 수사관들은 싹 다 끄집어내잖아요. 우리가 과거 생에 지은 일은 우주 공간에 입력이 다 돼 있습니다. 어떤 사람들은 어떤 충격을 받을 때 전생을 기억하는 사람도 있습니다. 그래서 살아생전에 의식이 내 죽음을 감당 못 할 때까지 가지 말고, 의식이 있을 때, 이 위대한 가르침을 조금이라도 배워 놓고 악도는 가지 말아야 합니다.

우리는 우선 지옥·아귀·축생 세계는 가지 않는 공부를 해야 합니다. 그다음에 도道 깨치는 공부를 하라는 겁니다.

지금은 부처님 같이 도 깨쳐서 성불하는 사람은 거의 없습니다. 그래서 악도 안 가는 공부를 하라는 겁니다. 인연이 안 되고, 근기가 너무 없고, 복을 못 짓고, 불법을 못 만나서 공부를 안 하니까 때가 많이 늦어버렸습니다. 그런데 부처님께서 이를 너무나 잘 알았기 때문에 상세하게 가르쳐 놓으셨어요. 사람들이 귀를 안 기울여서 못 가는 겁니다. 오늘 이렇게 만나서 우리가 조금이라도 자극을 받았으니까 공부를 한번 해보세요. 많은 도움이 될 겁니다.

02

삼악도를 면하기
어려운 이유

지금 우리가 이 세상에 태어나서 사람 몸 받고 살아가는 것은 기적입니다. 이 지구 땅덩어리에 수천수만 종의 생명이 사는데 그중에 유독 인간만이 두 발을 딛고 진화하면서 의식을 가지고 사유합니다. 이렇게 사유할 수 있는 능력이 우리 인간들한테 주어졌다는 것은 기적입니다. 인간 몸 받은 것은 수행하기 너무나 좋은 기회죠. 그런데 사람 몸 받은 것이 다음 생에는 기약이 없어요. 어느 정도 기약이 없는가를 깊이 사유해보면, 거의 불가능합니다. 그래서 이번 생에 깊이 생각하고 판단할 수 있을 때, 인간 몸 받았을 때 도道 깨치는 것을 마쳐야 합니다. 다음 생을 기약하면 곤란합니다. 만약에 다음 생을 기약하려면, 정말 정확하게 알고 기약해야 합니다. 내가 다음 생에 또다시 사람 몸을 받을 수 있다, 그렇게 다음 생을 정확하게 기약해야 해요. 그런데 그런 기약도 없이 이번 생에 내가 하고 싶은 것 다 해보겠다, 이러면 큰일 나는 겁니다. 왜냐면 확률이 거의 없기 때문이죠. 사람으로 태어날 확률은 거의 없습니다. 불가능합니다. 진짜로요.

자기 의식 수준은 자기가 사유해보면 압니다. 만약에 복이 많아서 다음 생에 사람으로 태어난다고 해도, 이전보다 의식 수준이 더 떨어집니다. 높아지지 않아요. 사람이 자궁을 선택해서 엄마 배 속에 있는 열 달 동안 태아의 의식은 고통과 괴로움 속에서 떨어질 수밖에 없어요. 거의 100%죠. 그 열 달 동안 고통과 괴로움이 없는 태아는 없습니다. 태아는 배 속에서 탐진치가 일어납니다. 열 달 동안 탐심을 내지 않으면 생명이 살 수가 없습니다. 배 속에서 악착스럽게 먹고 살려는 생명력의 힘을 발휘해서 엄마의 영양분을 끄집어 당겨서 살아야겠다는 이 욕심밖에 없어요. 또 엄마가 일하면서 외부의 충격을 받으면 배 속에서 막 성질내고 그래요. 배 속에 있는 태아를 보면 다 알아요. 그렇게 살기 때문에 배 속에서 나올 때는 벌써 과거 선한 것은 다 까먹고, 어떻게든지 탐진치 삼독심 가지고 살아야겠다, 생명을 유지해야겠다, 이 생각밖에 없어요. 그래서 의식이 떨어지는 겁니다.

세속과 결탁하지 말라

이번 생에 도를 깨치지 못하더라도 악도惡道는 가지 않는 공부를 해놓아야 합니다. 그런데 악도를 가지 않는 공부가 더 어려워요. 삼악도를 면하는 공부가 도 깨치는 공부보다 더 어렵습니다. 왜 어렵겠어요? 사유해보세요. 정말 쉽게 생각하지 마세요. 바로 습관을 못 버리기 때문입니다. 낮은 차원의 습관을 버리지 못해서 그래요. 사유하고 판단하는 의식은 높아졌지만, 습관 들여놓은 그 습기 때문에 삼악도의 몸을 받는 겁니다. 습을 못 버리기 때문에 의식은 떨어지고, 다음 생에 좋은 곳에 태어날 기약이 없는 겁니다.

우리가 알고 있는 신들의 세계는 순수한 몸이기 때문에 마음도 순수합니다. 그런데 우리가 이 세상에서 일상적으로 탐진치 삼독과 결탁하며 아등바등 사는 데 순수할 게 뭐 있겠어요? 습관을 못 버리잖아요. 가만히 일상생활을 생각해보세요. 내가 삼악도를 면할 수 있는 삶을 살았나요? 습관을 조금이라도 바꿨나요? 탐진치 삼독은 중력의 영향을 받는 습관입니다. 내가 거기서 벗어날 일을 한 번이라도 했나요? 하늘을 훨훨 날아갈 수 있는 마음을 갖고 오늘 하루 살아봤나요? 아니죠. 그냥 짜증 내고, 싸우고, 계산하고, 그냥 그렇게 산 겁니다. 그렇게 평생을 살아왔는데 어떻게 다음 생에 기약이 있겠어요. 우습게 생각하면 곤란하다는 것입니다.

석가모니 부처님은 사대문 바깥에 나와서 생로병사生老病死 우비고뇌憂悲苦惱를 딱 보았습니다. 그전에는 왕자로 궁 안에서 아무런 고생도 없이, 죽는 게 뭔지, 고통이 뭔지, 괴로움이 뭔지, 병이 뭔지, 아무것도 모르고 살았죠. 어느 날 사대문 바깥을 하인과 함께 구경하러 나와서 바로 본 것이죠. 아기가 태어나서 고통 속에서 우는 걸 봤고, 병들고 늙어서 걷지도 못하는 사람, 죽어가는 사람을 보았죠. 태어나고 늙고 병들어 죽는, 고통받는 모든 것을 다 대면한 겁니다. 안에서는 못 봤는데 바깥에 나가서 다 본 겁니다.

지금 우리가 조금 잘 산다고 잘 안 보이죠? 가보세요. 사방 다 돌아다녀 보면 지옥입니다. 지옥에 있는 사람들이 부지기수죠. 석가모니 부처님께서 그걸 바로 보시고, '아, 큰일 났다, 내가 이 세속에서 지금 이렇게 같이 놀아서는 안 되겠다!' 이렇게 진짜 책임을 통감한 겁니다. 내 생명에 대한 책임, '내 생명을 이렇게 그냥 사라지게 할 수는 없다! 생로병사 우비고뇌에 내 생명을 던져버릴 수는 없다! 이걸 모르고 내가 밥을 먹고 살 수는 없다!' 이렇게 생각이 딱 들어서 바로 수행한 겁니다.

그런데 세속과 결탁한 채 도 닦겠다, 이러면 곤란하죠. 그게 되겠어요? 도가 안 된다는 겁니다. 공부 잘하셔야 합니다. 악도惡道 안 가는 공부를 잘하시고, 도를 깨쳐서 영원히 생로병사 우비고뇌를 멸하는 공부도 제대로 하셔야 합니다. 세속과 결탁하지 말고 바로 하셔야 합니다. 악도 면하기가 더 어렵다는 걸 명심하셔야 해요. 도 깨치기보다 악도 면하기가 더 어려운 겁니다. 제가 늘 말합니다. 이번 생에 악도 면하는 공부는 반드시 해놔야 한다고요. 그런데 이 악도 면하는 게 도 깨치기보다 더 어렵습니다. 왜냐하면 습관을 못 고치기 때문에, 습관을 못 버리기 때문에 잘 안 돼요. 집착이나 애착이나 이런 걸 놓기가 아주 어렵기 때문에 그렵니다. 아무리 도가 높아도, 무슨 일 생기면 애착과 집착으로 싹 빠집니다. 그런 걸 잘 염두에 두고 공부 잘하세요.

03

•

삼악도를
면하는 길

저는 1년 365일 이 몸을 벗는 그날까지 부처님 가르침을 끊임없이 말씀을 드릴 수밖에 없습니다. 왜냐면 그 외에는 다른 할 말이 없으니까요. 위대하신 부처님 말씀 외에는 드릴 말씀이 없습니다. 부처님 가르침은 바로 우리가 죽음과 고통의 모든 문제를 해결하고 생사고해를 벗어나서 행복한 존재가 되는 것입니다. 거기에 귀를 기울여 준다면 저는 그것보다 감사하고 고마운 일은 없습니다. 귀만 잘 기울이면 얼마나 많은 보물이 있는지 모릅니다.

부처님 가르침으로 제 인생은 정말 천지개벽이 일어났습니다. 사람이 살다 보면 세상 살기 싫을 때도 있고, 영원히 목숨을 끊어버리고 싶을 때도 있고, 희망이 없어서 정말로 우울해서 낙담할 때도 있습니다. 그런 모든 것을 단 한순간에 해결하는 그런 기회가 저에게 주어졌습니다. 그 이후부터 지금까지 오로지 부처님에 대한 감사함으로 살았습니다. 이 광대무변한 우주에 부처님께서 출현하셔서 고통받고 괴로워하며 생사를 벗어나지 못하는 중생을 위해서, 이런 위대한 가르침을 펼쳐서 지금 우리가 들을 수 있다는 이 사실에 저는 전율했습니다. 그래서 저는 이제부터 세상에서 부처님 은혜 갚는 일만 하겠다, 그 외에는 어떤 일도 안 한다, 은혜 갚는 일만 하겠다, 이렇게 원력을 세웠습니다.

지금까지, 부처님 말씀을 어떻게 전해야 다른 분들이 정말로 환희하고 기뻐하고 자유롭게 행복하게 삶을 살 수 있을까, 이런 생각만 해왔습니다. 그래서 이 귀한 시간에 이렇게 법문을 들으러 오신 분들은 정말 귀하신 분들입니다. 조금만 더 귀를 기울여 보면 그 속에 어마어마한 진리가 있습니다. 모든 생사 문제를 해결할 수 있는 그런 귀한 보물들이 많이 있습니다. 이렇게 살다가 가는 것이 아니다, 뭔가 있을 것이다, 하는 마음으로 한번 귀를 기울여서 들어보셔야 합니다.

모든 존재는 의식이 높고 낮음에 따라 형상화된 것

제가 맨날 말합니다. 죽는 일이 없다, 이런 얘기를 많이 합

022

니다. 그러면 과연 그럴까? 죽는 일이 없을까? 의심하는 분들이 있습니다. 제가 죽는 일이 없다고 하면 진리에서 보니까 그렇겠지, 하고 그냥 생각을 깊이 안 하고 넘어갑니다. 그런데 이건 정확하게 논리적으로 그렇습니다. '2+2=4'라는 정확한 논리가 부처님 가르침에 완벽하게 갖춰져 있습니다. 이런 논리를 완벽하게 이해한다면 부처님에 대한 믿음이 강해지지만, 그걸 이해하지 않으려고 합니다. 그런 일은 있을 수가 없어, 불가능해, 사람 마음 편하게 해주려고 하지, 이런 식으로 덮어버립니다. 아니면 아예 생각을 안 합니다. 그래서 너무나 소중한 기회를 놓치는 경우가 있습니다.

이 몸 받고 이 세상에 태어나 100년을 살아가는 동안에 부처님 가르침 하나라도 가슴에 담아 사유하고, 판단하고, 그것을 내 것으로 만든다면, 그것은 참 행운이죠. 그런데 그걸 내 것으로 안 만들고, 허송세월 보낸다면 참 슬픈 일입니다. 영원히 기약도 없습니다.

이 존재계의 모든 존재는 의식이 높고 낮음에 따라서 형상화된 것입니다. 모든 물질도 그렇습니다. 의식이 높아지면 고등 차원의 존재가 되고, 의식이 낮으면 점차 떨어져서 암흑으로 갑니다. 그런데 이런 암흑에서 좀더 의식이 높아지면 물질, 물질에서 좀 높으면 무정물, 유정물, 거기서 점점 의식의 차원이 높아지면서 붓다가 되는 겁니다. 우주에서 가장 최고의 높은 의식을 가진 존재가 바로 부처님입니다. 그렇게 우리의 의식이 높아져야 합니다.

의식이 떨어지면 떨어진 것만큼 거기에 필요한 몸을 자기가 찾아 갑니다. 우리가 이 몸을 갖고 죽으면 그다음에 태어나는 몸은 내가 이 세상에 살았을 때 늘 썼던 의식과 밀접한 관계가 있습니다. 만약 어떤 사람의 사고가 동물적인 사고를 늘 갖고 있었다면 다음 생에는 동물 몸을 받지 인간 몸 못 받는 겁니다. 또 어떤 사람은 끊임없이 우울해 자기 집에 틀어박혀서 아무 생각을 일으키지 않고, 아무 일도 하지도 않고 있다, 이런 사유를 갖고 있다가 나중에 죽으면 어떻게 됩니까? 움직이지 않는 존재, 돌이나 무정물이 됩니다. 그렇게 무서운 일이 벌어지는데도 그 사유를 안 합니다.

모든 물질이나 존재하는 모든 것은 우리 마음 따라, 생각 따라 변합니다. 어떤 의식을 만드는가, 이게 중요합니다. 높은 의식으로 어떻게 올라가느냐, 이게 중요하죠. 높은 의식의 마음을 가진 자들이 붓다가 되고 해탈하고 자유를 누립니다.

죽을 때, 몸은 버리고 가지만 의식은 결국 다음 생을 받을 때 자기 수준에 맞는 몸을 취합니다. 집착하는 겁니다. 지금도 그렇잖아요. 이 몸 갖고 살면서 뭘 집착합니다. 술 담배 고기 좋아하는 것도 그렇죠. 자기가 습관 들인 것에 집착합니다.

　차원 높은 사람은 의식을 높여서 술 담배 고기를 먹지 않습니다. 그 순수한 의식 때문에 다음 몸 받을 때는 순수한 몸을 받게 되죠. 그런데 차원이 낮은 사람은 결국 다음 생에 자꾸 낮은 차원으로 갈 수밖에 없죠. 그게 우주 법칙입니다. 이런 법칙을 부처님께서 가르쳐주시고 생사를 해탈해서 걸림 없는 존재가 돼라, 이렇게 말씀하신 겁니다. 그런데 귀를 안 기울입니다. 세상일에 너무 바빠서 그렇죠. 가장 소중한 게 뭔지 알고 세상일을 해야 하는데, 가장 소중한 걸 버리고 가장 무지한 것을 습관 들여서 자기 인생을 망치고 있습니다. 이건 누구 잘못도 아니고 자기 잘못입니다. 그래서 자업자득이라고 합니다. 옆에 부모 형제가 있어도 아무도 못 도와줍니다. 자기의식은 결국 자기가 갖고 가는 겁니다. 누가 옆에서 도와줄 수 없습니다.

다음 생에 인간 몸 받을 확률

만법유식萬法唯識이라고 그러죠. '만법'이라는 것은 존재하든지 존재하지 않든지 모든 것을 말합니다. 우리 눈에 보이든지 보이지 않든지, 형상이 있든지 없든지 간에 그걸 전체 통

틀어서 만법이라고 합니다. 만법유식, 모두 다 앎을 갖고 있다는 것이죠. 앎을 갖고 있는 존재인데도 불구하고 어떤 환경에 의해서, 어떤 인연에 의해서 의식이 끊임없이 높아지든지 떨어지든지 합니다. 그런데 대부분 의식이 떨어집니다. 잘못된 인연으로 의식이 떨어지면 자기도 모르게 습관적인 의식대로 다음 생에 몸을 받아야 합니다. 거의 99.99%가 인간 몸 못 받습니다.

제가 이 이야기를 하니까 어떤 분이 그러죠. 그럼 나는 과거 생에 뭔가 선한 일을 했기 때문에 지금 사람 몸을 받지 않았습니까? 이런 말을 하거든요. 그런데 가만히 사유를 깊이 해보셔야 해요. 간단하게 생각할 게 아닙니다. 나는 대단한 일을 했기 때문에 인간 몸 받았지 않았습니까? 이런 질문을 했어요. 우리가 수천수만 생을 살아오면서 어느 한 생에 인간 몸 받을 수 있는 복을 지은 생이 있었습니다. 그 한 생 때문에 지금 귀한 인간 몸을 받았지만, 다음 생은 기약이 없습니다. 한번 사유를 해보세요. 태어나서 지금까지 살면서 진실로 부처님께서 "너 참 착한 일 했다." 이렇게 쓰다듬어 줄 만한 일이 얼마나 될까요?

사유를 해보면 알아요. 나 살려고 발버둥 치고, 내 욕심으로 나 먹고 살려고 한 일이 대부분입니다. 다른 생명을 발로 밟아 죽인 것은 헤아릴 수가 없죠. 그런데 내가 어느 생명

하나라도 살린 일이 있었을까? 이렇게 깊이 사유를 해보면 인과응보가 분명하기 때문에 99.99%는 인간 몸 받기가 어렵다는 겁니다. 그래서 부처님께서 말씀하셨죠. 인간 몸 받기가 너무너무 어렵고 귀한데 지금 받았다고 예사로 생각하지 마라, 수천수만 생 윤회하면서 어느 한 생에 정말로 인간 몸 받을 만한 귀한 복을 지은 것 때문에 지금 귀한 몸을 받았다, 이렇게 사유해야 합니다. 인간 몸 받았으니 이제 아무렇게 살아도 괜찮은 것 같다, 이런 소리 하면 큰일난다는 겁니다.

우리는 정말로 귀한 몸을 받았고, 귀하게 받은 몸을 가장 가치 있게 써야 하는데 자각을 안 하고 있습니다. 정말로 자각을 안 합니다. 인간 몸 받기가 얼마나 어려운가는 부처님께서 『본생경』에 말씀하셨습니다. 완벽하게 논리적으로 설명해놨죠. 이게 이해돼야 합니다. 이 이해를 가지고 공부해야 합니다. 그래야 내가 다음 생에도 인간 몸 받아 공부할 수 있습니다.

이 공부 중에서 가장 먼저 해야 할 게 삼악도三惡道를 면하는 것입니다. 악도는 가지 않아야 합니다. 삼악도를 면하는 가장 첫 번째가 일일기도문을 매일 하는 것입니다. 이게 참 중요합니다. 5분만 하면 다 읽을 수 있습니다. 그 속에 악도를 면하는 길이 있습니다.

며칠 전 고등학교 동창이 와서 자기 사업 좀 도와달라고 이야기하더군요. 내가 무문관 들어가기 전에 일일기도문을 하라고 했는데 했냐고 물으니까, 몇 번 하다가 흐지부지 끝났다고 합니다. 그래서야 회사가 돌아가겠습니까? 일일기도문에는 회사가 돌아가는 것뿐만 아니라, 자기 인생에서 악도를 면하게 해주는 내용이 들어있는데, 그걸 관심 있게 안 보고 안 하니까 참 슬프죠. 공부하실 분들은 다 자기 일이니까, 자기가 해야 합니다. 여기 귀한 부처님 가르침이 있으니까, 공부를 잘 지어나가시라, 그런 이야기를 들려 드린 겁니다.

04

•

염라대왕을
만나거든

우리가 부처님 가르침을 공부하는 까닭은 뭔가요? 병 없어
야 하고, 골치 아픈 구설수에도 안 말려야 하고, 돈도 잘 벌
어야 하고, 다음 생에 인간 이상 몸 받고 태어나야 하고, 위
대한 부처님 법 만나서 필경 성불하고, 영원히 생사를 요달
하고, 자유를 얻고, 행복을 찾고, 그거 아니겠습니까? 그런
데 그러려면 제일 먼저 해야 할 일이 뭐겠어요?

지금 우리는 인생의 절반 이상 살았잖아요. 언제 어느 때
어떻게 죽을지 몰라요. 요새는 하도 세상이 혼탁하고 복잡
하고 위험하죠. 교통사고 날 수도 있고, 어떤 나라는 전쟁이
나 테러로 언제 어디서 죽을지도 모르거든요. 그래서 항상
준비해서 챙겨야 할 상비약이 필요하죠. 어디에 돌아다니려
면 반드시 돈이 필요하듯이, 우리가 언제 죽을지 모르니까
항상 죽음에 대비해서 가지고 다녀야 할 상비약, 뭐가 있을

까요? 공부해서 어느 날 성불하려고 마음먹고 있지만, 어느 때 어떻게 될지 모르는 세상입니다. 당장 오늘내일 닥칠지도 모르는 죽음이 눈앞에 있거든요.

사람들이 세상을 다닐 때 돈은 꼭 갖고 다닙니다. 그런데 우리는 지금 부처님 공부하는 사람이고, 생사를 요달하려고 이 길을 가기 때문에 반드시 지니고 다녀야 할 것이 있어요. 지금 뭐 갖고 다니는 게 있어요? 한번 내봐 봐요. 세상 돌아다니면서 돈은 반드시 갖고 다니는데, 생사를 요달해야 할 사람이 아무것도 안 갖고 다니면 안 되요. 무엇을 가지고 다녀야 하겠어요? 말해보세요. 뭐 하나라도 갖고 다니는 거 있으면 말해보세요. 세상 살아가면서 반드시 돈은 갖고 다니듯이 우리가 지금 언제 이 몸을 벗어버릴지 모르고, 또 언제 무슨 위험한 일이 닥칠지 모르는데, 불자가 반드시 갖고 다녀야 할 것이 뭘까요. 어느 날 내가 탁 죽었어요. 그때 염라대왕이 나에게 "내봐 봐라!"하면, 뭘 갖고 있나요?

불자가 항상 갖고 다녀야 할 것

염라대왕이 딱 나타나서 나를 지옥으로 데리고 가는데, 왜 지옥으로 데리고 가는지 항의해도 안 돼요. 이 세상 살아가면서 우리가 착하게 산 것, 나쁘게 산 것, 딱 계산해 보면 착하게 산 것은 별로 없어요. 가만히 생각해 보세요. 걸음걸음마다 미물들을 발로 밟지, 모기 잡고 파리 잡지, 음식 먹을 때 음식 속에 고기 들어가지, 뭐 선한 게 별로 없어요. 염라대왕이 표를 딱 갖고 있는데, 보면 아마 선한 게 몇 안 될 겁니다. 남을 이롭게 한 게 거의 없어요. 나 잘살려고 애쓰고, 알게 모르게 생명 죽이고 해한 일은 수도 없이 많고 그렇죠. 염라대왕이 표를 딱 내놓으면 할 말이 없어요. 그래서 반드시 이 세상에 태어난 사람은 대부분 악도惡道로 가게 돼 있어요. 이걸 어떻게 해야 할까요? 그것부터 이야기해야지 한가하게 이러고 있을 때가 아닙니다. 불자는 항상 주머니에 지니고 다녀야 할 게 있어야 합니다.

어떻게 할 거예요? 그것부터 먼저 얘기해야죠. 스님이라고 봐줄 수 없어요. 신상명세서가 딱 있는데요. 절대로 안 봐줘요. 그런데 봐주는 사람이 있습니다. 뭘 갖고 다니면 봐주겠어요? 악도를 안 가려면 지극한 마음으로 따라하세요.

"거룩하고 위대하신 부처님께 귀의합니다.

거룩하고 위대하신 부처님 가르침에 귀의합니다.

거룩하고 위대하신 부처님 가르침을 전하는 선지식

스승님과 승가에 귀의합니다.

거룩하고 위대하신 부처님 가르침 따라 세세생생 중생을

이익되게 하겠습니다.

옴 아 훔."

염라대왕을 만나면요, 제일 먼저 염라대왕에게 큰소리칠 게 딱 하나 있어요. 뭐라고 큰소리를 치냐면 "나는 삼보에 귀의했습니다!" 이 마음 놓치지 마세요. 어떠한 일이 있더라도 나는 삼보에 귀의한 불자입니다. 이게 불자가 제일 먼저 항상 간직하고 가지고 다녀야 할 위대한 보물입니다. 그거 놓치면 안 돼요. 귀의삼보하면 날적마다 불법을 만납니다. 너무나 소중한 겁니다. 목숨을 다해서 지극한 마음으로 부처님과 부처님 가르침, 승가에 귀의하는 이 마음, 이걸 갖고 가셔야 염라대왕이 악도로 안 끌고 갑니다. 삼악도를 면하는 가장 소중한 가르침입니다. 참선하든, 염불하든, 스님이든, 세속에 살든, 이 삼보를 놓치면 불자도 아니고 악도에서 벗어날 길이 없습니다. 귀의삼보를 했기 때문에 악도를 면할 뿐만 아니라, 인간 이상의 몸을 받고 부처님 인연 또 만나서 필경에 성불하는 것입니다.

절대 놓치지 마셔야 해요. 삼보에 귀의하고 난 다음부터 이제 공부를 제대로 해야 합니다. 귀의삼보하는 이 마음을 항상 가지고 참선도 하고 모든 걸 해야 해요. 그러면 그다음부터는 일단 악도는 면했으니까, 날적마다 인간 이상의 몸 받고, 반드시 부처님 좋은 인연 만나고 성불하는 도리가 거기서부터 생겨요. 거기서부터 그 도리가 싹이 틉니다.

삼독심을 방생하라

삼보三寶는 우주에서 가장 귀하고 소중한 보배입니다. 왜냐면 부처님은 우리가 생사를 요달해서 부처가 될 수 있는 인咽을 심어준 소중한 분이기 때문입니다. 반드시 부처님께 의지해야 하고, 부처님의 위대한 가르침 때문에 우리가 성불하니까 부처님 법에 귀의해야 합니다. 그 부처님 법이 어디에 존재하느냐? 승가에 존재하지요. 팔만대장경도 다 승가 안에 있습니다. 그것이 지금 이 세상에 전해져서 부처님 법이 전해지거든요. 이 불법승 삼보를 간직해야 악도를 면할 수 있습니다. 그것만 있으면 돈도 필요 없어요. 제일 먼저 악도를 면해야 해요. 이 부처님 공부를 시작했을 때 제일 먼저 해야 할 것이 바로 귀의삼보로 악도를 면하는 겁니다.

두 번째 해야 할 일은 뭘까요? 사람들이 세상을 살아가면서 고통받는 이유가 있습니다. 사람들이 살면서 왜 아파서 고통받고, 빚을 져서 고통받고, 싸워서 고통받고, 왜 이렇게 고통받을까요? 탐진치貪瞋痴 삼독三毒 때문입니다. 삼독심이 원인이고, 삼독심은 애착과 집착 때문에 일어납니다.

그래서 두 번째로 해야 할 것은 집착과 애착을 내려놓고, 삼독심을 지혜로 바꿔야 합니다. 그래서 삼독심 회향을 잘해라, 욕심 많으면 회향을 잘해라, 그러는 겁니다. 그 정도까지만 해놓으면 이제 날적마다 어려운 일이 없고, 복락을 누리고 잘 살 수가 있습니다. 그 나머지는 살살 공부하시면 되는 겁니다.

이 두 가지가 중요합니다. 그런 다음에 부처님 공부 잘하시면 되니까 쉽잖아요. 어떤 공부를 하든지 간에 이걸 먼저 정확하게 인因을 심어놓고, 공부하시면 됩니다. 그래야 걱정 안 합니다. 세속에서도 돈 없이 무턱대고 어디 나가면 불안합니다. 주머니에 돈이 있어야 안 불안하죠. 이 세상도 그런데 하물며 저세상이 어딘지도 모르고 가야 하는데, 저세상 갈 때 반드시 필요한 것이 귀의삼보입니다. 이 마음 절대 놓지 말아야 합니다. 애착과 집착을 내려놓고, 삼독심을 지혜로 잘 전환해서 써야 합니다. 그 마음만 가지고 있으면 어디를 가든지 죽음에 임하더라도 금방 내 목숨이 끊어진다 하더라도 걱정 안 하고 당당하게 살 수가 있는 겁니다.

우선 그래 놓고 공부하셔야 해요. 이걸 귀가 따갑도록 마음속에 새기셔야 해요. 마음속에 인因을 딱 심어 놓고, 염불하셔도 좋고 참선하셔도 좋습니다. 그런데 이것이 제대로 안 심어졌으면, 염불, 참선하다가 염라대왕이 데리러 오면

할 수 없이 악도로 가야 합니다. 그걸 잘 간직하면 그게 씨앗이 되기 때문에 악도를 면할 수 있어요.

원래 부처님께서는 중생을 제도할 때 일반 사람들 근기에 맞게 가장 쉽게 이해할 수 있도록 설명하셨습니다. 그런데 언제부터인가 부처님 법을 풀어헤치고 해설하고 번역하면서 굉장히 어렵게 가르치기 시작하고 높은 것만 가르치는 겁니다. 그런 걸 가르치고 하니까 사람들이 정말로 중요한 기초를 다 놓쳐버리는 거예요. 그래서 악도도 면하지 못하면서 도를 깨치려고 하니까, 임종해서 악도에 가고 그러죠. 가장 소중한 것이 귀의삼보입니다. 삼보는 어떤 일이 있더라도 주머니에 넣고 다니셔야 해요. 그래야 위급한 상황이 닥쳤을 때도 그것 때문에 악도를 면합니다. 그다음에 애착과 집착 내려놓고, 삼독심은 방생하고, 베풀고, 복을 짓고, 이러면 지혜로 전환됩니다. 그러면 복을 가지고 잘살게 되고, 날적마다 복락을 누리고, 필경에는 성불합니다. 이 속에 세상살이가 다 있는 겁니다. 나머지는 시간 나는 대로 하시면 됩니다.

05

억울합니다

살다 보면 그런 일이 많이 있습니다. 억울하게 비난받는 경우가 많아요. 잘못한 것도 없는데, 누명 쓰면 참 억울하죠. 속에서 분노가 일어나고 참을 수가 없어요. 잘못한 것도 없는데 그냥 덮어씌우고, 막 비난하고 이러면 감당하기가 쉽지 않습니다. 저도 그런 경우가 있었어요. 그런데 이것을 단순하게 그것 하나만 놓고 '나는 잘못한 거 하나도 없는데 누가 나를 비난했다.' 이렇게 생각하시면 안 됩니다. 우리 삶이라는 게 지금 현재 이 자리에 있을 때는 수많은 인연의 고리에서 나의 한 생명이 탄생한 겁니다. 그 수많은 인연 속에 영향받고, 손해 볼 일 또 이득 볼 일 등등 여러 사항이 겹쳐서 현재 '나'가 지금 존재하거든요. 그러면 나로 인해서 덕을 본 존재가 있고, 나로 인해서 수많은 피해를 본 존재가 있는 겁니다.

그러면 우리가 가만히 살펴봤을 때 나로 인해서 덕을 본 사람이 많을까요? 아니면 나로 인해서 피해를 본 사람이 많을까요? 스스로 깊이 생각해 보면 나로 인해서 덕을 본 사람은 얼마 안 될 겁니다. 얼마 안 돼요. 우리 모든 사람이 다 그래요. 내가 지금 현재 이 자리에 오기까지 수많은 생명이 죽었어요. 말도 못하게 죽었죠. 내가 하루 한 끼 밥을 먹고 사는데도 그 음식이 나에게 오는 그 과정을 살펴보면 어마어마한 생명이 희생을 당한 겁니다. 그래서 나로 인해서 덕을 본 사람보다 희생을 당한 수많은 생명, 수많은 존재가 아주 많다는 것이죠. 이 생각을 하면, 나는 비난을 받아야 마땅하다, 이렇게 봐야 해요. 조금만 사유를 해보면 지금 우리 생명이 유지되고 있는 것 자체가 어마어마한 비난 덩어리입니다. 조금만 살펴봐도 그렇습니다.

사람들이 여기 홍서원 부처님 앞에 예불하고, 내가 비난받고 억울한 것 좀 물어보고 해소하려고 오는데, 그 오는 과정에서 수많은 생명이 차에 밟혀 죽었거든요. 부처님께서 말씀하셨죠.

"모든 생명이 평등하다. 생명 가진 모든 존재의 무게는 똑같다."

만약 모든 생명 가진 존재들이 언어가 서로 통한다면 다 이구동성으로 똑같은 소리를 할 겁니다. 오래 살고 싶고, 아프지 않고 싶고, 고통받기 싫고, 죽고 싶지 않다고요. 그런데 우리 인간은 생명체 중에서 최고 상위에 있는 의식을 가진 존재이기 때문에 그것을 무시해 버립니다. 평등한 입장으로 보면 우리는 비난 받아 마땅하다는 겁니다. 그래서 내가 비난받을 때 그것을 감수할 수 있는 마음의 준비를 할 필요가 있습니다.

수많은 악업이 얽혀있다

이 사바세계 육도윤회에 존재하는 모든 생명의 깊은 내면에는 살아남으려고 수많은 아귀다툼이 벌어지고 있습니다. 현실이 그렇습니다. 거의 목숨 걸고 싸웁니다. 그걸 보면 참 안타깝기도 하고, 안됐기도 하고, 참 어리석다, 이런 생각이 듭니다. 이렇게 생각해야 합니다. 지금까지 이 사바세계에서 존재하고 있는 거룩한 생명의 줄기들은 어떤 식으로든지 수많은 악업이 많이 얽혀 있는 겁니다. 그래서 누가 비난하면 우선 그 비난을 받아들일 필요가 있어요. 내가 잘했다고 내세울 일은 별로 없는 거예요. 실제로 깊이 따져보면 그렇습니다.

이제 이런 문제는 심사숙고해서 볼 필요가 있습니다. 우리의 행동 하나, 생각 하나가 전 존재계에 알게 모르게 미치는 영향들이 너무 많거든요. 그런데 그런 걸 우리는 생각 안 하잖아요. 단순하게 어떤 사건에 부딪혔을 때 '나는 잘못한 거 없는데 부딪혔다, 네가 잘못한 건데 왜 나를 비난하나?' 이렇게 보면 문제가 해결되지 않습니다. 우주 존재계가 처음 출발해서 지금까지 수억만 년을 이어오는 과정에서 현재 나의 생명이 존재하기까지 어마어마하게 문제가 많았죠. 부처님께서 봤을 때 이런 문제들 속에는 수많은 악업이나 업보가 잠재돼 있는 겁니다.

부처님께서 이런 문제들을 해결할 수 있는 유일한 방법으로 알려주신 것이, 너의 실체를 밝혀라, 너의 본질을 밝히고, 다시는 이런 악업을 짓지 않고, 슬프게 이어져 가는 중생 세계의 이 상태에 종지부를 찍어야 한다, 이렇게 말씀하신 겁니다.

만약 '나'라고 하는 존재가 물질에 부딪히지 않고, 형상에 잡히지 않고, 이름과 명예에 붙잡히지 않는, 모양도 없고 형상도 없는 존재라면 어떻겠어요? 비난받을 일도 없고, 부딪힐 일도 없고, 문젯거리도 사라지죠. 부처님께서 그런 마음 상태를 올바르고 지혜롭게 가지라고 공성空性에 대한 법문을 많이 하신 겁니다. 우리가 '있음'의 상태에 의식을 가지면 끝도 없이 부딪히는 존재가 되니까요. 이 사바세계 중생

세계는 '있음'의 존재입니다. '있음'의 존재라는 관념을 갖고 살기에 항상 부딪힙니다. 형상이나 물질에 사로잡힌 존재 의식을 가지고 산다면 결국은 끝도 없이 부딪히는 일만 생기고, 비난받는 일도 생겨나니까, 우선 공성^{空性}, 반야바라밀^{般若波羅蜜} 지혜에 대한 올바른 안목을 가져라, 그렇게 말씀하신 겁니다.

허공은 부딪힐 일이 없다

억울하게 생각하면 안 됩니다. 그러면 에고^{ego}가 작동합니다. 나는 잘났고, 잘 살았고, 남한테 피해 준 일도 없는데, 잘못한 것 없는데 왜 나를 비난하느냐, 이러면 안 됩니다. 존재계 전체가 다 유기적으로 이어져 있는데, '나'라는 개인적인 자아에 사로잡혀서 그렇게 부딪히는 일이 생기는 겁니다. 전체적인 나로 봐야 합니다. 내가 비난받는 것은 우주 전체가 비난받는 것이고, 내가 칭찬받는 것은 우주 전체가 칭찬받는 것입니다. 나는 우주 전체와 떨어져 본 일이 단 한순간도 없는 존재입니다. 이것은 철학적으로 종교적으로 진리적인 입장에서 사유해야 합니다, 그렇지 않으면 세상은 싸움만 일어날 뿐입니다.

억울한 일이 많습니다. 비난받는 부분이 있더라도, 억울하더라도 좀 더 소화를 잘 시키세요. 60세가 넘어가면 모든 비난이나 모든 슬픈 일들, 괴로운 일들, 서로 관계가 좋지 않은 일들은 마무리해야 할 시간입니다. 지금부터는 마음속에 원망이나 원한이나 억울함, 이런 것을 갖고 있다면 빨리 정리하세요. 마무리하지 않는다면 나의 업보는 다음 생에 굉장히 안 좋은 업으로 작용해서 악도惡道로 갈 수밖에 없습니다. 그래서 지금부터 모든 것을 용서해 주는 마음으로 사셔야 합니다. 비난받는 것은 듣고 흘리셔야 해요. 내가 알게 모르게 과거 전생이라도 비난받을 만한 일을 했다, 당연히 내가 모를 뿐이지, 내가 한 일이 있기에 내가 비난받는다, 이렇게 생각하세요.

과거 전생에 벌레 하나라도 죽였는데 이 벌레가 수많은 생을 지나가면서 의식이 성장해서 인간으로 태어났는데, 그 인간이 나에게 보복을 한다, 이렇게 볼 수도 있습니다. 그렇게 이해를 하셔야 해요. 그래야 병도 안 옵니다. 『반야심경』에 마하반야바라밀다摩訶般若波羅蜜多, 지혜롭게 살아라, 네 마음을 가장 최고로 지혜롭게 쓰고 살아서 모든 고통에서 벗어나라, 이렇게 나오잖아요. 그럼 그 지혜의 핵심이 뭐냐? 바로 자기를 잘 살펴라, 자기를 잘 살펴보고, 자아의식, 에고, '나'라고 했던 것, 그 모든 것은 텅텅 비어서 없는 것이다,

'조견오온개공照見五蘊皆空'이라고 그러잖아요. '나'가 없는데 부딪힐 일이 뭐 있겠어요? 장자가 말하는 빈 배가 돼라, 내가 비어 있으면, 내 마음이 비어 있고, 내가 없다면 부딪힐 일이 뭐가 있겠느냐, 대처할 일이 뭐 있겠느냐, 그래서 허공과 같이 텅텅 빈 마음으로 대처하라, 그럼 안 걸린다, 억울한 게 없다, 이런 얘기죠. 말은 쉽게 하지만, 쉽지 않습니다. 그래도 그리하셔야 합니다. 다음 생까지 이 문제가 해결 안 되면 반드시 업보로 작용해서 악도로 갑니다. 너무 무서운 일이 벌어지죠. 그래서 반드시 이번 생에 바로 내려놓으셔야 합니다.

06

최고로 당당한 것이 진리다

이 세상 모든 분이 고귀한 생명을 받아서 각자 나름대로 삶을 사는데, 어떤 분은 평생을 큰 어려움 없이 편안하게 잘 살고, 또 어떤 분은 열심히 노력하는데도 힘들게 사시고, 건강하게 별 탈 없이 잘 지내는 분도 있고, 나쁜 짓 한 것도 없는데 아픈 분, 죄진 일도 없는데 힘들게 사는 분 등등 각양각색이죠. 무엇 때문에 그럴까요? 우리는 이런 걸 좀 깊이 있게 사유하지 못하고 살죠. 어떤 분은 운명이라고 체념한 채 살고, 또 어떤 분은 누구를 원망하면서 살기도 합니다. 또 어떤 분은 잘사는 분을 보고 부러워하기도 하고, 또 못사는 분들 보고 자기 상을 내기도 합니다.

이런 모든 문제를 해결할 수 있는 가르침을 주신 분이 부처님입니다. 생사 문제뿐만 아니라, 이 세상에 살면서 행복하게 어려움 없이 고통받지 않고 잘 살 수 있는 가르침, 이 세상뿐만 아니라 다음 생에, 영원히 무량한 세월 동안 영원히 잘 살 수 있는 그런 법을 가장 합리적이고 조금도 손색없이 잘 가르쳐 주신 분이 부처님입니다.

업은 한 치의 오차도 없이 반드시 일어난다

많은 사람들이 세상 살아가면서 이런 부처님의 고귀한 가르침에 귀를 기울이지 않고, 자기 생각대로, 남 따라서 그냥 허망하게 덧없이 보냅니다. 조금만 귀를 기울여서 지혜롭게 사유를 해보면 부처님 가르침이 얼마나 위대하고, 합당하고, 훌륭한지 알 수가 있는데, 많은 사람이 귀를 잘 안 기울입니다. 말을 잘 안 듣죠. 이렇게 살아가면서 그런 것들을 볼 때 참 안타깝고 슬픔이 많이 밀려옵니다. 자기가 능력이 있고 지혜가 있어서 잘 산다, 이렇게 생각하시는 분도 있고, 나는 지어놓은 복이 없고 원래부터 잘 살지 못하는 그런 사람으로 태어나서 이렇게 산다, 하고 체념하시기도 하고 그렇죠. 그런데 절대 그렇지 않습니다.

　과거 생의 업보로 인해서 이 세상에 태어나서 살지만, 얼마든지 이번 생에 지혜롭게 사유해서 부처님 말씀에 귀를 기울인다면 현생뿐만 아니라 영원히 그런 고통과 괴로움에서 벗어날 수가 있습니다. 부처님께서 가장 쉬운 방법을 가르쳐주셨는데 실천을 안 합니다.

늘 말씀드렸다시피 부처님 가르침을 총체적으로 말씀드리면, 고통과 괴로움에서 벗어나 이 세상에서 영원히 행복하고 아무 문제 없이 살 수 있는 유일한 길은 '제악막작諸惡莫作 중선봉행衆善奉行 자정기의自淨其意 시제불교是諸佛教'입니다. 이걸 가슴 속에 꼭 새겨야 합니다.

내가 고통받고 괴로운 원인은 다 자기가 지은 바대로 고통받고 괴로운 겁니다. 그럼 나는 이번 생에 지은 죄도 없는데 왜 고통받고 괴로운가? 이런 말씀을 하시는 분도 있겠지만, 그게 한 생의 일뿐이 아니죠. 수많은 생을 지내오면서 어떤 잘못된 행위들이 때가 되어 한 생에 드러날 때도 있고, 두 생에 드러날 수도 있고, 또 먼 후생에 드러날 수가 있기에 자기의 삶이 어떻게 변화될지는 아무도 예측할 수 없습니다.

그래서 과거에 잘못된 업이 있는데도 불구하고 지금 잘산다면 자만할 것이 아니라, 과거의 나쁜 업보가 언젠가는 드러날 것이다, 하는 이런 생각을 하고 진정으로 참회하며 살아야 합니다. 또 지금 잘 못 사시는 분들은 앞으로는 부처님 가르침대로 잘 살겠다는 그런 각오로 참회하며 살아야 합니다. 반드시 인과응보가 분명하고, 자업자득으로 자기가 지은 것은 자기 스스로 복을 받기도 하고 죄를 받기도 하는 겁니다. 이것은 하나의 오차도 없이 반드시 일어나는 거니까 요행을 바란다거나 하는 그런 생각을 갖고 사시면 큰 일납니다.

진리의 세계에는 공짜가 없다

어떤 사람이 로또 복권 당첨됐다, 요행 아니냐, 이렇게 생각하지만 절대 그렇지 않습니다. 그것도 다 수많은 과거 생에 지은 어떤 복福으로 인해 당연히 그렇게 당첨도 되고 그러는 거예요. 진리의 세계에는 공짜가 없죠. 한 치의 오차도 없습니다. 그래서 항상 바르게 사는 마음으로 이 세상을 살아가야 합니다. 틈이 나는 대로, 시간 나는 대로, 부처님 말씀을 하나둘 새겨서 실천행을 한다면, 새록새록 눈에 띄게 변화가 올 겁니다. 실천하지 않고 그냥 머리로만 헤아린 채 행동이 따르지 않는다면 아무 이득이 없습니다. 이득이 없어요. 반드시 실천행을 하라는 겁니다.

　우리가 보통 쉽게 듣고, 쉽게 이해하고, 쉽게 말할 수 있는 것들이 실제로는 큰 진리로 그 모습을 드러냅니다. 세 살 먹은 아이도 알 수 있는 것들이 진리입니다. 가장 보편적인 진리죠. 그런 진리를 우리가 써먹으려면 반드시 실천행을 해야 합니다. 실천행을 하지 않으면 아무 가치가 없습니다. 그래서 단 하나라도 선善은 받들고 악惡은 자꾸 끊고 이렇게 사셔야 합니다. 그래야 당당해지고 그렇죠.

진리라는 게 내가 어떻게 마음을 먹고 바르게 당당하게 사느냐에 달려 있는 겁니다.「무상게」게송에 이런 말이 있죠. 서래조의최당당西來祖意最堂堂. 전 이렇게 해석합니다.

"서쪽에서 온 조사의 뜻은 무엇인가. 최고로 당당한 것이다. 진리는 최고로 당당한 것이다. 어떤 것도 비할 바가 없다."

아무리 낮은 곳에 있든지 높은 곳에 있든지, 낮은 사람이든 높은 사람이든 자기가 바르게 당당하게 살면 이 사람은 진리에 부합하는 사람이고 앞으로의 삶도 영원히 당당해집니다. 자기가 스스로 조금만 실천하면 얻는 게 많습니다.

오늘 제가 정말 간절히 당부드립니다. 모든 분이 다함께 자유와 행복을 누리기 위해 이렇게 말씀을 드리는 겁니다. 행복하고, 문제가 없고, 삶은 영원히 자유롭고 이것이 얼마나 좋은지, 이걸 알려드리고 같이 공유하고 싶어서 이런 말씀을 드리는 겁니다. 이런 삶을 살고자 원하는 분들은 반드시 스스로 자기 자신을 청정하게 맑히고, 또 부처님 가르침에 따라 조금씩이라도 변화를 주시기 바랍니다. 그러면 우리 의식이 반드시 위로 향하게 됩니다.

존재계에는 수많은 차원의 의식이 존재하는데 우리는 완전한 해탈 자유의 의식을 가져야 합니다. 완전한 자유, 완전한 해탈의 의식을 갖기 전까지는, 부처가 되기 전까지는, 붓다의 의식이 되기 전까지는, 우리는 끝도 없이 조금이라도 의식을 맑히고 높이는 쪽으로 정진하고 수행해야 합니다. 그래야 자유를 더욱더 많이 누릴 수가 있습니다. 그렇게 간절하게 부탁을 드립니다. 그렇게 해주시길 바랍니다.

·

07

진정한 참회

어떤 두 사람이 똑같은 상황에서 살인을 했습니다. 살인의 형태나 내용이나 원인이 다 비슷하다고 합시다. 그때 판사 앞에 가서 판결을 받으면 국가법은 반드시 형량이 비슷하죠. 대충 비슷합니다. 그런데 부처님 가르침은 그렇지 않아요. 한 사람은 무죄로 석방될 수도 있고 한 사람은 그 벌을 더 많이 받을 수도 있습니다. 왜냐면 이건 참회하는 사람의 행동과 마음에 따라서 그 형량이 달라지기 때문입니다. 업이 무거운 사람은 형량을 많이 받고, 업이 가벼운 사람은 적게 받습니다. 그렇게 참회가 중요합니다.

자기 자신을 되돌아보고 관조하는 게 중요합니다. 자기의 일상생활을 자기 스스로 잘 관찰하는 게 중요합니다. 반조해서, 나의 행동이 어떠했는가, 내 행동이 다른 사람을 불편하게 한 적이 없는가, 나는 이기적으로 살지 않았는가, 무

슨 죄를 지었는가, 이런 걸 사유하고 관찰하는 힘을 길러야
합니다.

그런 힘이 길러졌을 때 내가 너무 잘못했구나, 이런 깊은
참회를 할 수 있습니다. 인격적 장애가 있는 사람은 사람을
죽이고도 속에서 우러나는 슬픔이 없습니다. 눈물 한 방울
안 흘립니다. 그런 사람들이 있습니다. 이해를 잘하셔야 해
요. 마음속 깊은 곳에서 진정으로 참회한다면 그 사람은 바
로 부처님께서 받아들이십니다.

마음의 참회는 업장을 소멸시켜 줄 수 있습니다. 그러나
마음속에는 그런 마음이 없으면서 그냥 형식적으로 참회하
는 사람은 죄를 다 받아야죠. 이게 굉장히 중요합니다. 그러
니까 티베트의 성자인 밀라래빠 같은 존자는 자기 친척과
많은 사람을 죽였지만, 당대에 성불했습니다. 그런데 만약
에 진정으로 참회하지 않고 자기 죄를 돌이켜 반성하지 않
고, 죄에 대해서 무감각하면 그 사람은 수천수만의 아비지
옥에서 벗어나 수가 없습니다. 참회가 중요합니다. 진정으
로 속에서 우러나서 참회하면 그 죄는 멸할 수가 있습니다.
바로 한순간에 완벽하게 무죄 선고를 받을 수 있습니다. 그
한순간이 자기한테 달려있어요.

판사가 남이 아닙니다. 자기가 판사입니다. 자기 깊은 곳
을 다 아는 판사가 자기 안에 있어요. 그 판사는 정확하죠.

너무나 잘 알죠. 각자 자기 안에 있는 판사가 제일 잘 압니다. 어느 판사도 몰라요. 자기가 잘 알아요. 그래서 그 판사가 판결을 정확하게 내립니다.

내 안에 있는 업보가 보인다

참회 기도를 열심히 해서 회향할 때가 되면 감응이 옵니다. 불보살님이 나타나서 보여주는 경우도 있습니다. 스스로 확 풀립니다. 여러 가지 조짐이 있지만, 거기에는 어떤 간격이 있습니다. 그런데 진짜로 참회하는 건 간격이 없어요. 바로 즉 해탈입니다. 내가 정말 진정으로 내 잘못을 참회하면, 참회하는 그 순간이 해탈입니다. 너무 중요하죠. 그런데 여기서 간격이 있다 하는 것은 아직도 미묘한 것이 존재하기 때문에 간격이 있는 겁니다. 그것도 자기가 만들어내는 거예요. 내가 죄를 참회하는 것도 간격을 두고 참회합니다. 자기 안에 자기 스승이 있습니다. 지켜보는 자가 있는 겁니다. 진짜 자기를 못 본다는 것은 자기 자신의 심성을 관찰하는 힘이 부족하다는 거예요. 자기가 자기를 자꾸 관찰해서 살펴보면 즉시에 와 닿습니다.

관자재보살觀自在菩薩은 어떤 분이죠? 살피는 데 자재한 보

살, 자기 자신을 잘 살피는 자, 잘 살펴서 그 힘을 얻은 사람
이 관세음보살입니다. 관세음보살觀世音菩薩이 달리 관세음
보살이 된 게 아니고 관음觀音을 잘해서 관세음보살이 된 겁
니다. 관자재보살은 스스로 잘 살피고, 자신의 허물을 잘 보
니까 힘이 생기고, 그 힘으로 중생을 구제합니다. 자기를 살
폈을 때 자기 문제를 해결할 수 있습니다. 관념에 사로잡힌
사람은 자기 마당에 뭐가 있는지 하나도 안 보입니다. 자기
가 집주인이면 맨날 마당을 오가며 보니까 돌 한 개라도 있
으면 보이죠. 그게 뭐냐면 내가 맨날 살펴보니까, 자재하게
관을 하니까, 다른 사람은 모르는데 자기는 너무나 잘 알죠.

　가게를 하는 분은 물건 하나 없어지면 바로 알죠. 다른
사람은 아무도 모르지만, 그 많은 물건 중에 딱 보면 압니
다. 오랜 세월 동안 자기도 모르게 무의식적으로 관찰하는
게 몸에 배어서 그래요. 도사죠. 어디에 뭐가 있는지 훤히
압니다. 이렇게 공부를 안 해도 도사인데, 자기를 살펴보는
관자재觀自在가 되면 바로 도사가 되는 겁니다. 관자재가 되
면 내 안에 있는 업보가 보입니다. 그러면 그 업보 갖고 안
다니죠. 바로 치웁니다.

　조견오온개공照見五蘊皆空입니다. 잘 비춰서 관조해서 살
펴보니까 사대오온四大五蘊이 싹 비어 있는 걸 봤는데 거기
에 업보가 붙을 자리가 어디 있고 참회할 자리가 어디 있겠

어요. 진짜 자기를 본 겁니다. 진짜 자기를 봤을 때 해탈이 되는 겁니다. 이해가 가시죠.

무조건 기도할 게 아니고, 살피는 것이 최고의 기도죠. 자기를 살펴서 반성하고, 내가 뭐가 잘못됐고, 어디에 허물이 있는지를 살펴서 실천행을 했을 때, 그게 진정한 기도입니다. 3천 배하고 1만 배 한들 자기 심성이 안 바뀌면 어떻게 해탈이 되겠습니까?

인간이 사대오온으로 만들어진 몸뚱이를 백년 끌고 다니는데 단 한 번도 오장육부가 어떻게 생겼는지 모르고 살잖아요. 자기가 갖고 다니는 거 한 번도 살펴본 적이 없다는 겁니다. 슬프지 않아요? 바깥의 경계는 너무나 잘 알잖아요. 그런데 이 몸뚱이 안이 어떻게 생겼는지 이거 관찰할 생각 안 하고 늙어서 죽으면, 이번 생에 어떻게 업장을 참회하고 자기 변화를 시켜주고 가겠어요.

가게에 없어진 물건도 보면 찾아지는데, 오랫동안 자기를 관찰하면 보이겠습니까, 안 보이겠습니까? 보이죠. 보입니다. 이제 본다면 그냥 사물 보듯이 보지 마시고, 조금 사유를 많이 하셔야 해요. 스님들이 머리 깎을 때 거울 없이 깎잖아요. 출가해서 처음 머리 잘 못 깎을 때는 거울 놓고 깎습니다. 그런데 조금 익숙해지면 자기 머리를 보죠. 눈은 앞에 있으니까 뒤는 안 보이잖아요. 그런데 깎습니다. 머리를 만져보고 느낌으로, 감각으로 깎죠. 육근으로 다 보죠. 마음속으로 보는 겁니다. 이렇게 보는 방법을 자기 오장육부에 적용해서 가만히 명상하면서 보면 보입니다.

내가 어떤 마음을 갖고 있으며, 앞으로 어떻게 살려고 하는지, 오늘 행동은 어땠는지, 지금 이 순간 내가 무슨 행동을 하려는지 이런 걸 보는 겁니다. 관조觀照입니다. 이걸 하셔야 해요. 자기 자신의 마음이, 심성이, 성격이 어떻게 바뀌어 가는지를 살펴보는 것이 최고의 수행입니다. 그리하다 보면 직관이 생기면서 알 수가 있어요. 그래서 자기를 살펴보는 관조 공부를 해야 합니다.

제가 속가에 있을 때 담배 피웠습니다. 끊어보려고 몇 번 노력해 봤습니다. 건강에도 안 좋고, 경제적으로도 안 좋고, 옆 사람이 별로 안 좋아해서 끊어보려고 했는데 마음속 깊은 곳에서 피우고 싶은 마음이 안 끊어집니다. 며칠 끊더라도 속에서 습관적인 욕구가 그걸 안 놔주는 겁니다. 그런데 어느 날 이 습관적인 욕구가 원인이 아니란 것을 알았습니다. 생에 대한 애착, 자기를 보호하고자 하는 애착, 자기가 있다는 애착 때문에 못 끊는 거예요. 자기가 텅텅 비어서, 자기가 존재하지 않고 비어 있다는 것, 공空에 대한 사유가 자리잡히면, 담배에 대한 애착도 공이 돼서 떨어져 나가요, 한순간에 탁 떨어집니다.

고비만 딱 넘으면 됩니다. 못 넘으면 다음 생에는 부처님이 와도 안 돼요. 이 몸뚱이 수천수만 생을 살아오면서 이번 생에 못 끊으면 어느 생에 끊겠어요. 어떤 일이 있더라도 이번 생에 좋지 못한 악습은 끊으셔야 합니다. 이번 생에 이걸 끊지 못하면 다음 생에 악도惡道를 면할 길이 없습니다. 임종하고 숨이 딱 넘어갈 때는 그런 생각할 겨를이 없습니다. 숨이 끊어져서 목숨이 넘어가면 살아온 습관대로 가는 겁니다. 어떤 일이 있더라도 이번 생에 악습은 끊겠다, 좋은 습은 들이겠다, 이런 마음을 굳게 가지길 바랍니다.

08

집착이 스스로 사라질 때

지금 가장 먼저 수행의 기초를 다지셔야 합니다. 기초가 안 되면 집은 무너져요. 금방 마장魔障 탑니다. 기초가 다져지지 않으면 나중에 도를 깨쳤다고 해도 반드시 마장을 타서 떨어질 수밖에 없습니다. 그러니까 계를 지키도록 노력하세요. 이게 쉽지 않아요. 하루아침에 안 됩니다. 한 발이라도, 눈곱만큼이라도 실천행을 할 필요가 있어요. 한 발짝도 못 나가는데 어떻게 우리가 부처라고 큰소리칠 수 있겠어요.

우리가 수행하면서 자기를 잘 살펴봤을 때 가장 먼저 해야 할 일이 뭐냐면, 이미 일어난 모든 악은 끊고, 아직 일어나지 않는 악은 영원히 일어나지 않도록 하는 겁니다. 그다음에 이미 일어난 선은 자꾸 받들어 증장시켜서 행하고, 또 아직 일어나지 않는 선은 지혜로서 일으켜서 선을 받들어 행하는 겁니다.

제가 속가에서 시내버스를 운전했는데 회사 식당에 고기와 생선이 나옵니다. 사람들과 어울리려면 나도 고기와 생선을 먹어야 하지만, 나는 간장 먹고, 김치는 씻어 먹고 그렇게 살았어요. 사람들이 처음에는 미친 놈이라고 안 좋게 대했죠. 그래도 나는 그러든지 말든지 바르게 하겠다, 하고 일 년 정도 하니까, 주방장이 고기 안 들은 것만 주고, 회사 사장이나 간부도 인정하고 신뢰를 하더라고요. 그렇게 되는 겁니다. 주변 상황을 핑계 대면 안 됩니다. 물론 어렵죠. 어렵긴 하지만, 도가 그리 쉬운 게 아니고, 또 도는 위대한 거니까 위대한 일을 해야죠.

담배도 그렇습니다. 저도 20대에 담배 엄청나게 피웠습니다. 담배, 이게 중독이 딱 걸리면 거의 못 끊어요. 그런데 부처님 공부해서 집착이나 애착이 확연히 떨어지고 난 다음에는 담배도 떨어져 나갔습니다. 지금은 담배 피우라 해도 너무너무 안 좋고, 맞지도 않으니까 안 피웁니다. 담배 피우는 사람이 담배를 못 끊는다는 것은 애착과 집착을 못 끊었다는 겁니다. 담배를 못 끊었는데 어떻게 생사를 끊겠어요.

부처님 성품을 본 날, 담배가 도망갔다

담배 피우려는 게 몸에 밴 것은 내 사대오온四大五蘊에 배어 있는 겁니다. 나의 근본 성품에는 그런 거 없어요. 본래 청정하기 때문입니다. 사대오온을 '나'라고 집착하기 때문에 못 끊는 겁니다. 부처님께서 처음 깨달음을 얻으시고 첫 법륜을 굴리셨는데, 그때 설한 법이 뭐였죠? 사성제四聖諦 죠. 사성제의 핵심이 뭔가요? 집착을 끊으라는 겁니다. 모든 생로병사의 원인이 집착이고, 고통의 원인이니까, 집착을 끊으라고 하신 겁니다. 그런데 이 세상에 태어나서 술, 담배 이런 집착을 못 끊으면 어떻게 도를 깨치겠어요.

제가 경험한 이야기를 하나 해 드릴게요. 담배를 끊는 방법이 하나 있습니다. 머리로 헤아려서 이해한 것으로는 담배를 못 끊어요. 이것은 견해인가, 증득인가의 차이와 같아요. 자기 성품을 딱 보면 됩니다. 체험해서, 자기 성품과 계합이 딱 되는 순간에 모든 오온에 대한 집착, 집착했던 모든 것들이 싹 사라져버려요. 한순간에 바로 사라져요. 저는 담배를 끊으려고 했거나, 술을 끊으려고 했거나 이런 게 아니었어요. 한순간 나에게 그 집착이 떨어져 나갔던 겁니다. 담배라는 게 스스로 도망갔죠.

제가 세속에서 부처님 공부하기 전에 담배를 2년 정도

끊어봤어요. 그렇게 2년을 끊어봤는데 마음속에 담배에 대한 집착이 있는 걸 봤어요. 그래서 이건 이렇게 해서 되는 게 아니구나, 했죠. 그런데 부처님 법 만나고, 부처님 성품을 딱 본 날, 담배가 다 도망갔습니다. 술, 담배, 잠자는 것까지 싹 다 도망갔어요. 그냥 무구청정無垢淸淨입니다. 하늘같습니다. 그런 상태가 되면 담배를 끊을 필요조차 없어요.

그래서 자기를 보라는 겁니다. 허공같은 자기 성품, 비어 있는 자기 자신을 보라는 겁니다. 이 사대오온을 보지 말고, 텅텅 비어서 걸림 없는 자기, 허공과 같은 자기, 그걸 잘 지니세요. 그걸 잘 지니면 거기에는 술, 담배, 이런 집착이 붙을 자리가 없습니다. 세상의 오욕락五欲樂이 붙을 자리가 없거든요. 오욕락이 도망가고 환하게 밝아집니다. 그렇게 공부하세요.

09

·

업보를 해결하는 방법

습濕을 고치고 바꾸는 것은 참으로 어렵습니다. 정말 어렵죠. 그게 쉬울 것 같으면 다 부처가 되죠. 자기 자신의 습을 바꿔 어느 단계에 올라갈 때까지 도道는 내 앞에 안 나타납니다. 그러니까 자기가 직접 해서 완벽하게 실천하고 난 다음에 조금 당당해질까, 그전에는 갔다가 왔다가 갔다가 왔다가 수없이 반복합니다.

내 곁에서 공부한 어느 스님이 지장기도를 밤낮으로 한 달 정도 했어요. 하고 난 후 와서 하는 말이 "내가 지장기도를 이렇게 했는데 지장보살님이 왜 안 들어주느냐?"고 불만을 토로했습니다. 그래서 제가 되게 뭐라고 했습니다. 자기 자신을 깊이 돌이켜보면 그런 말 못 합니다. 각자 개인의 삶을 계속 되돌아보면 너무나 부끄럽습니다. 내가 뭘 바라는 것 자체가 부끄러운 겁니다. 뭘 바라기 전에 내가 정말로 끝도 없이 참회하고, 이 죄를 갚을 수 있을까, 내 잘못된 행위와 습관을 고칠 수 있을까, 정말로 부끄럽고 죄송하다, 이 생각이 가슴에 가득해야 하는데, 기도 조금 했다고 왜 안 들어주는 거야, 부처님께서 왜 내 말 안 들어주는 거야, 이런 말 하면 에고가 정말 강한 사람입니다.

업이 사라지는 게 보인다

자기 습관을 바꾸고 그 습관이 사라지면 그때 와서 불만을 한번 토로해보세요. 그러기 전에는 절대 부처님을 원망하면 안 됩니다. 내 나쁜 습관들, 옳지 못한 습관들이 남아 있다면 절대 안 됩니다. 자기가 이번 생에 습관 들인 것도 못 고치는데 어떻게 이 사대오온四大五蘊의 애착을 다 떨쳐낼 수 있겠나요? 안 되죠. 그러니까 자꾸 하셔야 해요. 부처님 가르침대로 한다면 한순간에 될 수 있습니다. 왜냐면 꿈이기 때문입니다. 꿈이기 때문에 꿈은 깨면 끝납니다. 꿈은 깨면 끝나요. 꿈을 알아차리는 순간에 수천수억 개의 꿈속의 일이 싹 사라집니다. 그러면 해결 다 나죠. 그래서 꿈과 같이 보라는 겁니다. 그게 해결할 수 있는 유일한 방법입니다.

이 세상을 꿈과 같이 보고, 꿈에서 깨어난다면 이 세상에 내가 지었던 업보가 하루아침에 해결이 다 되는 겁니다. 놀라운 방법이죠. 그래서 이야기를 하는 겁니다. 내가 지은 업을 꿈, 아지랑이, 번갯불, 그림자, 물거품, 무지개, 이렇게 볼수 있다면 어느새 깊은 내면 속에서 가장 근본적인 자각력이 싹트기 시작하면서 업이 사라지는 게 보이죠. 자기가 지은 업보가 사라지는 게 보입니다.

원래 꿈이었으니까, 원래 없는 것이었으니까, 원래 있지 않은 것인데, 완벽하게 지금 있다고 착각하고, 그 속에서 탑을 쌓으니까 안 되죠. 이 착각에서 벗어나기만 하면 해결이 나는 겁니다. 완벽하게 해결됩니다. 있다고 여기니까 문제가 해결이 안 되는 겁니다. 그런데 꿈을 깨면 모든 문제가 꿈속인 걸 알기 때문에 해결이 나는 겁니다. 그래서 꿈같이 보라는 거예요. 『금강경』에 나오죠. 일체유위법一切有爲法 여몽환포영如夢幻泡影 여로역여전如露亦如電 응작여시관應作如是觀. 꿈과 같이 볼 수 있다면 그 사람은 아상我相·인상人相·중생상衆生相·수자상壽者相, 이 모든 게 해결 다 난다고 했습니다. 유명한 게송입니다. 그런데 많은 사람이 꿈과 같이 못보잖아요. 완벽하게 현실로 봅니다. 이것을 꿈 같이 못 보는 겁니다. 그래서 내가 이만큼 노력했는데 왜 안 되냐고 불만을 토로하는 겁니다.

도道를 깨치는 데 가장 큰 장애 요소가 집執입니다. 현실을 꿈으로 안 보고, 현실을 진짜배기로 보고, 집착하고, 애착하고, 거기에서 성공을 이루려고 합니다. 거기에서 뭔가 꿈을 이루려고 달려들고, 그것을 딱 잡고 있습니다.

그래서 부처님께서 집착을 내려놔라, 말씀하신 겁니다. 위대한 사성제의 진리죠. 모든 고통과 괴로움과 죽음은 어디서부터 있는가? 집착과 애착에서부터 있다, 집착과 애착을 멸하면 도를 깨쳐서 부처된다는 것입니다. 그럼 집착과 애착은 어디서부터 출발하냐? 에고, 자기 자아가 있다는 생각에서부터 출발하는 겁니다. 에고는 자기 잘난 맛에서 사는 겁니다. 바로 이런 부분에 대해서 올바른 사유를 했을 때 도道가 됩니다.

살펴보는 힘

그러면 어떻게 깨달음으로 나아 갈 수 있는가? 어디서부터 출발해야 하느냐? 제일 먼저 출발해야 할 것이 사념처四念處 수행입니다. 37조도품三十七助道品에서 제일 마지막 단계가 팔정도 수행, 제일 처음 단계가 사념처 수행입니다. 신수심법身受心法, 몸과 마음과 느낌, 그다음에 진리의 법, 법이라고 하는 것은 진리뿐만 아니라 모든 존재의 법을 다 말하는 것입니다. 거기에 대해서 깊이 있게 사유하라는 것이죠. 그렇게 해서 쭉 올라가며 서른일곱 가지를 다 마쳐야 합니다. 그런 체계가 없이 수행하면 습관을 고치지 못합니다. 집착을 내려놓는 공부를 해야 습관도 고칠 수 있습니다.

유리병 속의 새는 개아個我입니다. 사대오온으로 만들어진 이 몸이 지금 해탈하려고 달려드니까 처음부터 불가능한 겁니다. 자기를, 이 몸뚱이를 인정하는 것에서부터 출발하니까 이게 불가능한 것입니다. 이 몸뚱이는 자기가 아닙니다. 이 몸뚱이는 상식적으로 생각해도 음식 먹고 만들어진 것입니다. 이걸 '나'라고 여기는 순간, 그때부터 지옥이죠. 고통과 괴로움을 못 벗어납니다. 참된 자기는 그런 것이 아니고 불이不二죠. 이런 전체적인 개념이 자리가 잡혀야 합니다.

전체적인 개념이 분명히 자리 잡히고 난 이후에 개아個我가 살아나는 겁니다. 물방울이 살아나는 겁니다. 다시 큰 바다와 합쳐질 때까지 물방울은 큰 바다의 완벽한 본성을 떠나지 않고, 자기의 자유와 삶을 누리는 거예요.

이 개념을 잡으려면 우선 내 습관을 고쳐야 합니다. 계를 한번 철저하게 지켜보세요. 불이不二의 마음을 갖도록 해보세요. 어떤 상황이 갑자기 일어나도 개아個我라고 하는 것이 행위를 하는 것이 아니고, 우주 전체가 행위한다, 우주 전체가 나를 통해서 행위한다, 이런 마음 갖고 해보세요. 전체가 유기적으로 떨어진 적이 없어요. 하나로 완벽하게 되어 있습니다. 이 손에 손톱이 붙어 있듯이 완벽하게 이렇게 붙어 있는 겁니다. 온 존재가 그런 겁니다. 그러니까 손을 움직여도 손톱이 움직였다는 소리 안 하죠. 손이 움직였다고 그러죠. 완벽하게 붙어 있는 것을 인식했기 때문에 그런 마음이 자리 잡히는 겁니다. 그러니까 존재계 전체와 진리와 내가 완벽하게 둘이 아닌 상태를 인식하면 그런 문제가 해결됩니다. 잘 살펴보세요. 살펴보는 힘 때문에 그런 문제를 해결할 수가 있는 겁니다. 자꾸 살펴보는 힘이 싹 터야 해결할 수 있습니다.

10

•

잘되면 부처님 덕입니다

자기 마음을 잘 살펴보고 자기가 누구인지를 알아야 합니다. 자기가 누구인지 모르니까 자기 잘난 맛에 맨날 남의 허물만 보게 되는 겁니다. 자기는 잘났고 남은 못났다, 그렇게 다른 사람 허물만 보게 되면 날마다 문제가 발생합니다. 부처님 공부를 하려면 제일 먼저 어떤 지혜가 생겨야 하냐면 평등성의 지혜가 생겨야 합니다. 평등성의 지혜, 그건 뭐냐? 이 사바세계가 싹 금덩어리다, 이런 겁니다. 나도 금덩어리, 너도 금덩어리, 우리가 지금 흙으로 보고, 돌로 보고, 나무로 보고, 똥으로 보는 모든 것은 눈의 착각으로 보는 것이고, 실제로는 싹 다 금이다, 다 위대한 존재다, 이렇게 보면 남의 허물을 잡을 수가 없어요. 금으로 만든 돌을 보고, 이건 돌이야 싫어! 금으로 개똥을 만들었는데, 저건 개똥이야 싫어! 이러면 바보잖아요. 싹 다 금이고, 일심一心입니다.

남의 허물을 보지 말고 다 위대한 존재다, 이렇게 봐야 합니다. 부처님께서 제일 먼저 깨달은 이유는 모든 생명이 다 위대한 존재인 걸 봤기 때문입니다. 평등성의 마음으로 봤기 때문에 남을 경멸하지 않은 겁니다. 모든 생명이 완전한 존재, 위대한 붓다라는 마음으로 삶을 살아야 문제가 발생하지 않습니다.

깨달음의 길에서 제일 먼저 마음속에 챙겨야 할 지혜가 바로 평등성의 지혜입니다. 평등성의 지혜가 부처님 명호에서 뭔 줄 아세요? 평등성의 지혜를 상징하는 부처님이 누구죠? 다보여래多寶如來입니다. 모든 존재가 다 보배라는 겁니다. 누가 잘났고 못났고 그런 게 없는데, 뭔 허물을 잡을 일이 있겠어요, 다 보배인데요. 내가 잘 닦고 손질하면 빛이 난다는 겁니다. 그런데 손질도 안 하고, 닦지도 않고, 하찮게 여기면 그 보배가 어떻게 되겠어요. 빛을 싹 잃어버리고 시궁창에 가는 겁니다. 나한테 달려있다는 겁니다.

우리가 보는 안목을 바꿀 필요가 있습니다. 절대로 상대편의 허물을 보지 말고, 다 위대한 존재다, 그 위대한 존재가 지금 잠들어 있고, 자기가 위대한 존재인 것을 모르고 있다, 이 생각을 했을 때 연민심이 생깁니다.

나는, 너는, 위대한 존재다

사람들이 이근원통耳根圓通이 좋다는 것을 잘 모르는 것 같아요. 이걸 알려면 명상을 많이 해야 합니다. 조금이라도 아침저녁으로 가만히 앉아서 자기를 다 내려놓는 겁니다. 공空에 대한 올바른 사유를 하고, 그다음에 현상계는 실재하지 않는다는 사유를 합니다. 또 앉아서 참선할 때 결가부좌가 되면 결가부좌로 하는 게 좋습니다. 단 얼마라도 그렇게 해보세요. 마음속으로 뭘 하려는 마음 내지 말고, 그냥 텅텅 비어서, 모양도 없고, 형상도 없는 그런 마음의 상태를 가져보세요. 사유해서 뭘 하려고 하지 말고, 그냥 편안하게 앉아있어 보세요. 그렇게 하다 보면 지혜가 속에서 발현되고 뭔가 알게 됩니다. 그렇게 명상을 계속 꾸준히 하다 보면, 우리 육근六根이 굉장히 날카롭고 예리해집니다. 그러면 생각 못했던 것을 생각하고, 보지도 못했던 것을 봅니다.

그런데 내가 보지도 못했던 것을 보면서 앗, 뭔가가 있다, 이러면 곤란해요. 애초부터 텅텅 비어서 형상도 없고 모양도 없는 상태라고 했습니다. 그런데 볼 게 뭐 있겠어요. 하지만 볼 것 없는 가운데 보는 기회가 딱 옵니다. 육근六根이 무지 무명의 업보 때문에 제대로 작동하지 않아 자유를 얻지 못해 갇혀있어요. 그렇게 갇혀서 구속된 상황인데도 불구하고, 원만하게 통하고 항상하는 근根이 있습니다. 그게 이근耳根입니다. 눈은 원만하게 안 통해요. 눈은 뒤를 못 보잖아요. 눈이 통하려면 고개를 돌려야 통하거든요. 그러면 이것은 원만하지 못하잖아요.

그런데 귀는 안 그래요. 듣는 성품은 고개를 안 돌려도 다 들을 수 있습니다. 통한다, 이 말은 귀가 통하는 게 아니고, 우리의 근본 성품이 그렇게 불가사의하게 통하는 성질을 갖고 있다는 것입니다. 그걸 활용하라는 겁니다. 우리가 그런 존재입니다. 소리를 통해서 가장 근원적으로 완전함을 갖춘 그것을 내가 직접 자각하고 증명하고 확인하려면 귀가 제일 좋습니다. 소리를 잘 들으면 듣는 놈의 성품이 원만하고 항상하고 걸림없고 완전하다는 자각을 갖게 됩니다. 아, 내가 그런 존재네, 이런 것을 놓치지 말고 가라는 겁니다.

생각을 잘못하고 어리석고 무지 무명하면 아, 나는 원만하게 통하지 않는 존재네, 이렇게 생각할 수 있습니다. 눈은 앞만 보고 뒤는 못 보니까 나는 통하지 않는 존재야, 이러면 그 사유는 지혜롭지 못하고 어리석은 사유입니다. 생멸에 딱 걸리고 못 빠져나가는 겁니다. 반대로 지금 원만하게 통하고 걸림없고 무량하다는 생각으로 지혜롭게 사유하면 실제 그렇게 됩니다. 왜냐면 우리는 생生하고 멸滅하는 것과 생멸生滅하지 않는 것이 공존하는 창고인 아뢰야식阿賴

耶識을 갖고 있거든요. 수많은 생각이, 수많은 자료가 꽉 찬 창고를 갖고 있는 겁니다. 영원한 것도, 영원하지 않은 것도 끄집어내 쓸 수 있는 창고입니다.

사람들은 부처님 가르침을 여러 방편으로 이렇게 말하고 저렇게 말하지만, 지혜로운 사람은 마음을 잘 살펴보라고 합니다. 그러면 '아, 계를 지키고 살아야겠다.'는 이런 생각이 그냥 나는 겁니다. 지혜롭게 바르게 살아야겠다는 생각이 새록새록 나게 돼 있어요. 그래서 마음을 관하라, 이 마음을 살펴보라, 이러는 겁니다. 그런데 이게 잘 안되면 우선 복 짓고, 착하게 살고, 계를 잘 지키면 뭔가 달라질 겁니다.

잘못 맺어진 인연을 회복시키는 방법

우리가 행복하고 불행을 겪지 않으며 잘 사는 방법은 마음 잘 쓰는 겁니다. 불행해지는 이유는 나쁜 마음을 먹고 살기 때문입니다. 지혜로운 사람은 남도 이롭고 나도 이로운 삶을 살아야겠다고 생각합니다. 자기 마음을 자꾸 살펴보면서, 아! 이런 생각은 나쁜 생각이네, 하고 자각하게 됩니다. 그런데 그런 생각 하지 않고 무조건 바깥 현상에 끄달리면 자꾸 남의 허물만 보게 되고, 그러면 맨날 일이 꼬여서 나중에 잘 안 됩니다. 그럼 자식한테까지 그 영향이 가고, 나중에 애먹고, 문제가 발생하는 겁니다.

행복해지는 방법은 단 한 가지밖에 없어요. 나도 행복하고 남도 이롭게 하는 이런 마음을 가져야 합니다. 내가 남한테 자꾸 베풀고 이익되도록 마음을 자꾸 내면 낼수록, 그 이상으로 돌아옵니다. 좋은 일로 돌아옵니다. 그런데 남의 허물 보고 남 잘못한 것만 자꾸 보면, 번뇌거리만 생겨서 자기가 자꾸 불행해집니다. 그래서 부처님의 가르침은 제악막작諸惡莫作 중선봉행衆善奉行입니다. 악은 짓지 말고 선을 받들어 행하라, 그러면 네가 행복해질 것이다, 이 바탕 위에서 공부해야 합니다.

그래서 마음 바르게 쓰라는 겁니다. 그거 간단하잖아요. 그냥 하면 되는 겁니다. 별로 어렵지 않아요. 그런데 사람들이 에고나, 집착이나, 탐진치 삼독에 딱 붙잡혀서, 인연이 잘못 맺어지고, 거기서 끝도 없이 못 벗어납니다. 그걸 회복시키는 것은 바로 자기 자신입니다. 자기가 바꾸는 겁니다. 그 바꾸는 힘에 의해서 변화가 오는 겁니다. 방향 전환만 하면 됩니다. 어렵지 않습니다. 아무리 안 좋은 쪽으로 멀리 갔어도 방향 전환을 딱 하면 그때부터 그 사람은 발보리심發菩提心 자, 반드시 깨달음을 얻는 자가 된다는 겁니다. 방향 전환안 하는 게 문제지, 결정된 인因을 심어 놓으면 안 갈 수가 없어요. 인이 바로 심어졌기 때문에, 그 씨앗이 하나 심어지면 반드시 발한다는 겁니다. 그래서 꼭 보리심을 발하라, 그러는 겁니다.

이 우주에는 광대무변한 붓다 의식이 그대로 있습니다. 사람들은 그걸 잘 끄집어내지 못하죠. 끄집어내서 잘 쓰려면 지혜가 필요합니다. 자기 에고를 내려놔야 해요. 자기 잘난 맛에 살면 곤란합니다. 부처님 덕으로 산다, 내가 그 덕 보고 산다, 이렇게 생각하고 살아야 해요. 그래야 지혜가 발현되는 겁니다. 이 붓다 의식을 꺼내 쓰겠다, 이러면 지혜로운데, 개아個我 의식을 쓰겠다, 이러면 뭐 안 되는 겁니다. 바보가 되는 겁니다. 개아 의식은 허깨비죠. 지혜롭게 살아라, 이 말은 나를 내려놔라는 말입니다. 나의 에고를 내려놔라, 나 잘난 소리 내려놔라, 이 말입니다.

부처님은 모든 능력을 완벽하게 다 갖추고, 못 하는 것 없으며, 신통을 다 갖추고, 원만구족하고, 부족한 것이 하나도 없습니다. 마음만 먹으면 천상의 음식을 그냥 드실 수도 있고, 오랫동안 음식을 안 먹을 수도 있고, 무애자재無礙自在하심에도 불구하고 45년 동안 맨발로 탁발하셨어요. 비가 오나 눈이 오나 바깥에서 사셨어요. 가장 바쁘게 사셨습니다. 이 세상에 부처님 같은 바보가 없어요. 그래서 붓다나 바보는 같은 말입니다.

그렇게 사신 부처님을 생각했을 때 나 잘난 맛에 살면 안 된다는 겁니다. 고개 숙이고, 될 수 있으면 상대편을 존중하고, 상대편 의견을 이해하고, 이렇게 살아야 지혜롭게 살 수 있습니다. 우리가 잘한 게 뭐 있어요? 우리가 잘났다고 할 이유가 없잖아요. 그대로 받아들이고 수용하고, 위대하신 부처님 가르침을 배워나가면 불보살님이 반드시 도와주시죠. 불보살님의 가피로 사는 겁니다. 온 우주가 그런 원리로 되어 있습니다.

11

·

어떤 염불을 해야 할까요?

사람들은 중학교 때는 좋은 고등학교 들어가려고 발원합니다. 그렇게 원대로 좋은 고등학교 들어가면, 다시 고등학교 좋은 데 가도록 기도 안 하잖아요. 그때는 좋은 대학교 가게 해달라고 기도하죠. 좋은 대학교 간 사람이 또다시 좋은 대학교 가도록 기도하겠어요? 아니잖아요. 좋은 대학교 졸업하면 어떤가요? 좋은 데 취직하고, 고시 합격해달라고 기도하잖아요. 이렇게 계속 새롭게 원을 세우죠.

극락세계 발원도 그렇습니다. 극락세계 발원한 사람이 극락세계에 가면, 그다음에 뭘 발원을 하겠어요? 왜 지장보살님 기도를 하고, 아미타 부처님 기도를 하고, 석가모니 부처님 기도를 하겠어요? 다 이유가 있습니다. 대학교 졸업한 사람이 고등학교 시험 합격하게 해달라고 기도 안 하잖아요. 자기가 원해서 기도가 이루어졌으면, 그다음에 뭐 하겠어요? 열심히 나무아미타불을 염불해서 극락세계에 갔습니다. 그런 다음에 뭐 하겠어요? 관세음보살은 어떤 분이죠? 관세음보살은 원력홍심願力弘深 대자대비大慈大悲 구고구난救苦救難 관세음보살이죠. 32응신三十二應身으로 중생을 교화하시는 부처님입니다. 부처님께서 중생을 교화하기 위해 보살로 몸을 나투신 것입니다.

정확한 원리를 알고 염불해야

불교의 근본 목적이 어디 있나요? 부처가 목적이 아니라, 부처가 되고 난 후에 중생 교화로 회향하는 게 부처님 가르침의 핵심입니다. 그래서 수많은 불보살님들은 천백억 화신化身으로 나투신 것입니다. 이게 이해가 가야 합니다. '불이不二'라고 하잖아요. 수많은 불보살님들이 바로 불이不二입니다.

세속 사람들이 무지하고 어리석기 때문에 부득이 그 사람 근기에 맞게 나투는 것이 불보살님입니다. 천백억 화신, 수많은 이름으로 불리게 된 것이지만, 원래는 불이, 하나, 전체입니다. 그래서 깨달음 얻는 분들은 불보살님을 전체 인식 속에서 봅니다. 쉽게 생각하면 바다를 보세요. 바다는 몇 개죠? 바다는 하나잖아요. 그런데 바닷물을 손으로 떠서 흩뿌리면 수많은 물방물로 날립니다. 셀 수 없이 많죠. '일즉다다즉일一卽多多卽一'이라고 하잖아요. 본래 우리 성품은 둘이 아니라 하나라고 하는 게 바로 이런 겁니다. 나투는 것은 수많은 변화로 나타나지만, 근본은 하나입니다. 속성은 같습니다. 수많은 불보살님의 명호가 바로 중생의 입장에서 응신으로 나투는 것입니다.

그래서 내가 기도할 때 진언을 뭘 해야 할지, 아미타 부처님을 해야 할지, 관세음보살님을 열심히 불러야 할지, 대세지보살님을 열심히 염불해야 할지, 문수보살님을 열심히 염불해야 할지, 지장보살님을 열심히 염불해야 할지, 육자대명왕진언을 염불해야 할지, 자기가 공부해나가면서 알 수 있는 겁니다. 초등학생이 대학교 시험보게 해주세요, 대학생이 나 초등학교 들어가게 해주세요, 이렇게 기도하면 안 된다는 겁니다.

이런 뜻을 정확하게 알고 수행해야 하고, 스님들도 신도님들한테 지장 기도해라, 관세음보살 기도해라 등 막 갖다 붙이면서 기도하라고 하면 안 됩니다. 그 사람한테 맞게, 방편으로, "당신은 이 기도하는 게 좋겠어요."하고 정확하게 그 원리를 알려주고 기도하라고 해야죠. 예를 들면 무조건 아미타 부처님 기도하라고 하면 안 된다는 겁니다. 왜 그런

076

지 알아요? 아무리 극락세계를 가라고 해도, 세상에 미련이 많은 사람은 극락세계를 가지 않습니다. 아미타 부처님께서 대세지보살님과 관세음보살님과 함께 사바세계에 내려와서 대중을 모아놓고, 극락세계 마지막 열차다, 갈 사람은 가자, 이렇게 하면, 얼마나 따라갈까요? 따라갈 사람 얼마 없어요. 사람마다 여러 가지 이유가 있죠. 은행에서 처리할 일도 있고, 보험도 남았고, 가족도 챙기고 등등 이렇게 세속에 미련이 많습니다. 그래서 무조건 시켜서 될 일도 아닙니다.

착한 덕의 근본을 심은 사람이 부처된다

석가모니 부처님은 대자대비하고 가장 거룩하고 위대한 분이기 때문에 한 번도 강요하지 않습니다. 다만, 이렇게 좋은 길이 있으니까, 갈 사람은 판단해서 알아서 가라고 합니다. 지장기도로 한소식 한 어느 스님이 무조건 지장기도를 하라고 하는데, 그러면 안 됩니다. 사람마다 개성이 있고, 각자 가고 싶은 길이 있습니다. 부처님은 각자 인격을 존중하고 자비로 섭수攝受하기 때문에, 이런 여러 가지 길이 있으니, 네가 골라서 갈 수 있도록 하라고 합니다.

　미륵전에서 기도하면 미래에 부처가 되려고 기도하는 것

이죠. 부처님 수기授記 받은 분 중에서 미래에 부처님 될 분이 누구죠? 아일다 존자입니다. 『법화경』에 나오잖아요. 게으르고, 명리를 좋아하고, 자기 잘난 것 좋아하죠. 그런데 장점도 있습니다. 마음이 착해요. 나쁜 짓 못 하고, 정의롭고, 자비심도 있죠. 그런 사람에게 부처님께서 "미래에 반드시 부처가 될 것이다."라고 수기를 주죠. '식중덕본植衆德本'이라고 합니다. 착한 덕의 근본을 아주 깊이 심어오면서 살아왔기 때문에 게으르거나 명리 좋아하는 것은 별것 아니라는 겁니다.

가장 소중한 대자대비의 착한 마음을 늘 날적마다 심어왔기 때문에 마음속은 덕이 쌓여 있습니다. 그래서 너는 반드시 미래의 위대한 부처님이 될 것이다, 라고 수기를 줘요. 이걸 잘 새겨놔야 해요. 미래에 부처님 될 사람은 어떤 근본이 필요하냐? 식중덕본, 착한 덕의 근본을 심은 사람, 대자대비심이 마음속에 가득 차 있는 사람, 그런 사람이 부처님 됩니다.

사람이 좀 게으를 수도 있죠. 속마음은 부처님의 위대한 사랑과 자비를 마음속에 간직하고, 남한테 착한 일을 하고, 덕을 베풀고 그래야죠. 그래서 부처님께서 "아일다여, 네가 그렇게 살아왔기 때문에 너는 반드시 미래에 부처님이 될 것이다."라고 수기를 준 거예요.

교활한 사람, 머리 잘 굴리는 사람은 부처님 못 된다는 겁니다. 오히려 미련스러울 정도로 꾸준하고, 싸움하지 않고, 성질도 잘 안 내고, 그런 사람이 부처님 된다는 겁니다. 가장 소중한, 대자대비의 마음으로 착하게 살고, 바르게 살고, 중생을 이익되게 하겠다, 이런 마음으로 말없이 사는 사람이 부처님 된다, 그런 생각을 갖고 기도하세요.

12

.

진정한 보현행원의
실천

공부하는 사람은 정확하게 방향을 갖고 길을 가야 합니다. 남쪽에 있는 사람이 서울 가는 데 방향을 북쪽으로 안 가고 동쪽이나 서쪽으로 간다면 아무리 가도 서울 못 갑니다. 굉장히 중요한 부분입니다. 먼저 정확하게 내 방향이 진리 쪽으로 가는지, 깨달음 쪽으로 가는지, 무상정등정각無上正等正覺 쪽으로 가는지 알아야 합니다. 지금 내가 하는 수행이 탐진치貪瞋癡 번뇌망상에 놀아나는 것인지, 아상我相·인상人相·중생상衆生相·수자상壽者相에 놀아나는 것인지, 집착과 애착을 갖고 하는 것인지, 세상의 오욕락과 부합해서 하는 것인지, 이런 부분에 대해서 방향이 정확하지 않으면 안 됩니다. 서울 쪽으로 못 가는 겁니다.

부처님께서 열반하실 때 아난 존자가 부처님께 묻기를, 부처님께서 계실 때는 저희들이 방향을 물어봐서 조금이라도 잘못되면 질문해서 방향을 잡고 갔는데, 부처님께서 안 계시면 저희들은 어떻게 의지하고 수행해야 합니까, 이렇게 물었습니다. 그렇게 물었을 때 부처님께서 답변하신 것이 있습니다. 뭐죠? '자등명自燈明 법등명法燈明'입니다. 부처님 가르침을 기준으로 자신의 불을 밝혀라, 자신의 불을 밝혀서 내가 지혜롭게 가면 된다, 그러셨습니다. 그리고 지혜롭게 가는 방법, 불을 밝히는 방법을 가르쳐 주셨습니다. 그게 뭐죠? 37보리분법三十七菩提分法입니다. 37보리분법(조도품)의 제일 첫 번째가 사념처四念處 수행입니다. 사념처 수행이라면 몸과 마음, 자기 자신을 잘 살펴라, 이걸 첫 번째 단추로 끼워야 해요. 자기를 살펴서 관하라는 겁니다. 마하반야바라밀다 공부도 그렇습니다. 반야의 지혜를 획득하는 건데, 반야의 지혜 핵심이 바로 자등명이고 사념처 수행입니다.

보현 실천행의 첫 번째는 예경제불

이 현상 세계는 실재하지 않고 가상이고 꿈과 같은 것인데, 이 상태를 자기 자신으로 방향 전환해서 자기를 살펴보는 겁니다. 이렇게 살펴보는 것을 잘하고, 관찰을 잘하면 반드시 오력五力이 움직입니다. 37보리분법에 오력이 나오는데,

오력이 바로 법력法力입니다. 그 법력이 움직이게 돼 있어요. 처음에 단추를 잘 끼고 계속 가기만 하면 서울이 보입니다. 그런데 첫 단추를 잘못 끼우면 아무리 공부해도 힘이 안 납니다.

자기가 제대로만 가면 반드시 힘이 나게 돼 있습니다. 내가 자신을 잘 살피고, 자신의 허물을 찾고, 나의 잘못된 것을 자기가 스스로 고쳐나가면, 그 힘으로 다른 사람 교화는 그냥 되는 겁니다. 꽃 한 송이 피어나면 향기를 모두 맡게 됩니다. 내 꽃향기 난다고 누구누구 맡아 봐라, 열 낼 필요가 없는 겁니다. 그냥 자연스럽게 우리 마음속에 진리가 싹 트기 시작하고, 다른 사람들도 그 진리의 환희로운 마음, 지복된 마음들을 같이 느끼게 되고 동참하게 됩니다. 그래서 스스로 자등명 법등명하면 자기 자신의 마음은 힘이 생기고 향기가 나는 겁니다. 내가 잠을 자든가, 걸어 다니든가, 앉아서 좌선하든가, 여러 가지 어떤 일을 하더라도 그 사람 행동은 세상 사람들한테 향기가 되고 꽃이 됩니다.

현상 세계가 가상이고 실재하지 않는데, 자신은 안 살피고 바깥 대상에 매달리면 첫 단추에 문제가 있습니다. 원력은 원대하게 세우고, 부처님께서 깨달음의 방향을 알려줬으니, 그 방향으로 자기를 스스로 밝혀서 가는 겁니다.

보현 실천행의 제일 첫 번째가 예경제불禮敬諸佛입니다.

절에서는 전통적으로 보현普賢 십대원력十大願力에 따라서 전통의식이 만들어졌어요. 사찰에서는 그 열 가지를 다 실천합니다. 저희들도 1년 365일 아침, 점심, 저녁 지극하게 예불합니다. 한번 생각해보세요. 일체의 제불에게 내가 매일 지극한 마음으로 목숨을 다해 찬탄하고 공경하고 받들면 어떻게 될까요? 나의 지극하고 간절한 마음이 전 존재를 일깨웁니다. 문수의 지혜와 보현의 실천행을 통해서 깨달음을 얻을 수 있습니다. 그래서 석가모니 부처님의 좌우보처가 문수文殊와 보현普賢이잖아요. 시작은 문수의 지혜로 시작하고, 끝은 보현의 실천행으로 끝나는데, 그것이 원을 이루면 무상정각無上正覺입니다. 그러니까 예불에 대해서 그냥 간단하게 생각하시면 안 됩니다. 그것보다 더 큰 보현의 실천행은 없습니다.

꿈속에서 주웠던 보물을 그리워하지 말라

37보리분법에서 마지막이 팔정도八正道인데 팔정도의 첫 번째가 뭐죠? 정견正見입니다. 정견이 팔정도 모두를 다 포함해요. 정견이 견성입니다. 자기 성품을 보면 그다음은 그냥 따라옵니다. 숨넘어가 이 몸 벗어버릴 때까지 예경제불 정

확하게 하셔야 해요. 그게 보현의 실천행입니다. 자등명 법
등명에 대입해서 공부하셔야 해요. 이것은 자기 생명과 직
결되어 있습니다. 왜냐하면 가장 간절하고, 내 목숨을 바쳐
공부해야 할 입장이기에 그냥 남 따라가지 말고 자등명 법
등명 말씀하신 겁니다.

부처님께서 열반하시기 전 먼 훗날까지 다 보셨어요.

이리 따라가고 저리 따라가는 사람들이 수도 없이 많습
니다. 어느 분이 한 소식 했다면 쭉 따라가 거기서 또 얼마
동안 다니다가 지치면 또 빠져나오고, 이러다가 허송세월
다 보냅니다. 그렇게 시간 보내지 말고, 스스로 자기 자신을
밝혀서 부처님 가르침 따라 공부하면 좋다는 겁니다. 정확
하게 자기의 허점을 찾고, 허물을 찾고, 잘못된 것은 고쳐나
가야 힘이 생기고 법력이 움직입니다. 그렇게 했을 때 법력
도 생기고 공부도 할 수가 있습니다.

이 사바세계는 교육의 장입니다. 부처님은 온갖 능력이
있고 오만 가지 신통을 다 부릴 수 있는 분입니다. 그런 분
이 뭐가 부족해서 이 사바세계에 오셔서 모든 중생을 제도
안 하고 가셨겠어요? 대자대비 때문에 그렇죠. 부모가 자식
키울 때 말 안 듣는다고 폭력을 쓰나요? 말 안 들어도 내 자
식이기 때문에 기다리고 또 기다리며, 말로 다스리고, 언젠
가는 고쳐지고 잘 살겠지, 하는 희망으로 키우잖아요. 하물

며 부모도 그러는데 부처님께서 강요해서 다 성불시키겠어요? 억지로 성불시키면 우주가 재미없어요. 우주가 그렇게 돌아가는 게 아닙니다.

고통과 괴로움도 아름다운 씨앗입니다. 고통과 괴로움을 겪어봤기 때문에 많은 사람을 나중에 도와줄 수도 있고, 제도할 수도 있습니다. 강요는 안 됩니다. 정 못 가는 분들은 또 몇 생 동안 고통과 괴로움을 겪어가면서 아름답게 익어갑니다. 먼저 가는 분들이 모범을 보이고 가면, 그다음 분들은 '아! 이런 분들이 있었구나.'하고 따라갑니다. 이렇게 고마운 마음 갖고 가는 겁니다. 그래서 부처님께서는 제도할 만큼 제도하시고, 또 남겨줄 것은 남겨주신 겁니다. 간절하게 이 길을 가고자 하는 사람은 내 말을 들을 것이다, 진실하게 이 길을 가고자 하는 사람은 자등명 법등명, 보리분법, 팔정도, 대승의 마음, 아뇩다라삼먁삼보리심阿耨多羅三藐三菩提心, 무상정등정각無上正等正覺의 마음, 사성제四聖諦, 삼법인三法印을 반드시 실천할 것이다, 그렇게 하신 겁니다.

어떤 사람이 꿈속에서 악몽을 꾸고 있습니다. 이 악몽에서 벗어나려면 꿈을 깨야죠. 꿈 깨기 전에는 절대로 그 악몽에서 못 벗어납니다. 그 꿈이 실재라고 생각하기 때문이죠. 꿈을 꿀 때는 실재입니다. 꿈꾸는 동안에는 실재잖아요. 꿈인줄 모릅니다. 꿈꾸는 동안에는 고통을 받습니다. 그런데 그 실재 같은 악몽에서 벗어나려면 꿈에서 깨야 가능하죠. 우리는 뒤바뀐 생각으로 실재하지 않는 것을 실재한다고 여기며 살고, 꿈속에서는 꿈속이 실재라고 여기고 삽니다. 그와 마찬가지로 지금 이 현상계가 실재하지 않는데 실재한다고 여기고 살잖아요. 그게 전도몽상顚倒夢想이거든요. 여기서 깨어나야 해요. 깨달음이라는 말은 이런 뒤바뀐 망상, 실재한다고 살고 있는 것에서 깨어나는 것입니다. 깨달음이라는 건, 그걸 깨닫는 겁니다. 머리로는 알고 있습니다. 알고는 있습니다. 부처님께서 말씀하셨으니까요. 그런데 지금 알고 있는 것도 꿈속 일입니다. 진짜로 알고 있다면 이 뒤바뀐 생각에 안 속아요. 그렇지 않겠어요?

어떤 사람이 꿈속에서 큰 보물 하나를 주웠습니다. 꿈을 딱 깨고 나니까 그 보물이 없어졌습니다. 그런데 꿈속에 있는 것처럼 그 보물을 그리워하면 바보잖아요. 이걸 알았다면 지금 당장 현재의 삶에서 방향 전환해야 합니다. 바로 해야 합니다. 그런데 안 하잖아요.

우리는 지금 살고 있는 현상계를 실재한다고 여기고 거기서 못 벗어나고 있습니다. 현상계는 꿈과 같은 곳입니다. 전도몽상입니다. 『반야심경』에 나옵니다. '원리전도몽상遠離顚倒夢想 구경열반究竟涅槃'입니다. 지금 착각으로 살고 있는 것을 착각이라고 분명히 알았을 때 구경열반입니다. 바로 돈오돈수입니다. 그런데 지금 알고 있으면서도 오히려 꿈을 즐기고 있는 겁니다. 세속의 오욕락 속에서 못 벗어나는 겁니다. 정확하게 자기가 보셔야 해요.

계만 지켜도 문수의 지혜가 싹튼다

어떤 사람이 몸이 아파서 병원에 갔습니다. 의사는 그 병이 뭔지 알죠. 주사 맞고, 몇 시에 약 먹고, 이렇게 가르쳐줍니다. 아픈 사람은 그 처방을 당연히 따라야죠. 부처님은 대의왕大醫王입니다. 바로 우리의 생로병사生老病死 우비고뇌憂悲苦惱를 고쳐주실 수 있는 유일한 의사입니다. 최고의 대의왕이시죠. 당연히 대의왕이신 부처님 가르침을 따라야 합니다. 답은 벌써 다 나왔어요. 부처님 가르침에 입각해서 공부하시라는 겁니다.

부처님의 깨달음을 공부하려면 반드시 삼학三學, 계정혜戒定慧를 배워야 합니다. 만약 지금 고기를 드시면 보현행원한다고 큰소리치지 마세요. 보현행을 실천할 자격이 없는 겁니다. 계를 지킨다는 것은 보현 실천행에서 가장 중요한 부분입니다. 생각해보세요. "살생하지 말라."는 말은 세상의 생명 가진 모든 존재를 부모와 같은 대자대비의 마음으로 살리는 것, 그게 살생하지 말라는 겁니다. 보현보살의 대자대비 실천행에 가장 중요한 부분이 살생하지 말라는 겁니다. 고기 먹으면 살생이잖아요. 고기를 잡는 사람, 고기를 파는 사람, 고기를 먹는 사람, 이 세 사람 중에서 누가 죄가 많겠어요? 먹는 사람이 제일 많죠. 먹는 사람이 하나도 없으면 고기 잡는 사람, 파는 사람이 없어요. 이렇게 중요한 것을 놓치면 보현의 실천행을 할 수가 없습니다. 이건 기본입니다.

지금 불교 공부하는 많은 분이 기본을 제대로 모르고 있습니다. 불자가 되려면 가장 중요한 게 오계五戒이고, 이 오계를 지키는 것이 보현 실천행에서 첫 번째입니다. 계가 완전하면 선정 삼매는 본래 있는 겁니다. 계를 지키면 번뇌 망상이 사라집니다. 계를 지키기 전에는 항상 번뇌 망상입니다. 고기 안 먹는 것 하나만 해도 많은 생명 가진 존재가 이득을 봅니다. 고기를 먹으면서 대자대비란 말을 붙여서는 안 돼요. 고기를 먹으면서 어떻게 대자대비 마음을 낼 수가 있어요. 고기 하나 안 먹는 것만 해도 세상에 평화를 가져와요. 전 존재가 고기 한 번 안 먹어보세요. 어떤 일이 생길까요. 지구가 하루아침에 맑아지고 악은 사라집니다.

수많은 악이 어디서부터 출발하는 줄 압니까? 수많은 생명을 아무 죄도 없는데 죽게 한 인간들, 우리 인간들 때문에 세상이 악의 구렁텅이로 가고 있습니다. 이런 사유를 할 줄 알아야 보현의 실천행을 할 수 있습니다. 계를 지키지 않고는 어떤 것도 보현의 실천이 안 됩니다. 보현의 대자대비가 그냥 대자대비가 아닙니다. 보현普賢입니다. 넓어도 보통 넓은 게 아닙니다. 우주를 다 감싸고도 모자람이 없는 그런 대자대비입니다. 그런데 고기 먹고 대행 보현 실천을 한다고요? 안 맞아요. 진짜로 대행 보현 실천을 하려면 첫 단추부터 다시 시작하세요.

여기 홍서원 스님들은 부처님 가르침 대로 살려고 애를 씁니다. 여기서는 우유가 조금이라도 들었다거나, 커피, 계란 이런 것 절대 안 먹습니다. 그렇게 실천하려고 애쓰고 있어요. 도를 깨쳐서 이렇게 사는 게 아니고, 부처님 법이 너무나 위대하고 간절하기 때문에 조금이라도 부처님 닮아가려고 노력하는 입장에서 드리는 말씀입니다. 진짜로 이 길을 가고 싶고 생로병사生老病死 우비고뇌憂悲苦惱를 벗어나서 위대한 부처님처럼 되려면 계부터 시작하세요. 아무리 늦더라도 첫 단추를 새로 끼우는 게 빨라요. 단추 백 개 잘못 끼운 것 아깝다고 그대로 놔두고 계속 끼우면 결국 헛방입니다. 새로 시작하셔야 해요.

옛 어른 스님들이 스스로 참괴慚愧하고 부끄러울 줄 알아야 도道가 된다고 하셨습니다. 도가 잘 안 되고 깨치지 못하는 이유는 참괴심이 없고 자기 잘난 맛에 살기 때문입니다. 부끄러운 마음이 없는 사람은 절대 도를 못 깨쳐요. 우리가 부처님 가르침과 부처님의 살아온 삶, 부처님의 과거 전생의 삶을 조금이라도 살펴본다면, 우리의 행동은 말 한 마디라도 부끄러운 일밖에 없습니다. 저도 마찬가지죠. 우리는 더욱더 자숙하고 자꾸 자기를 살펴서 허물을 벗겨내는 수행을 하는 게 제일 좋아요. 계만 지키면 선정 삼매 속에 문수의 지혜가 싹트는 겁니다. 그렇게 공부하시면 됩니다.

13

•

어떻게 음욕심을
초월하는가

삿된 음행을 하면 모든 것이 다 깨집니다. 가정의 화목은 물론이고 공부를 할 수가 없습니다. 그래서 계戒를 지키는 겁니다. 공부를 계속하면 좋은 진리가 자꾸 눈앞에 펼쳐지게 됩니다. 그럼 자동으로 부부의 사랑은 더욱더 깊어지고, 음욕심으로 가지 않고, 그걸 초월합니다. 그래서 더 행복해지고 더욱더 사랑하게 되고, 아껴주고, 더 깊어지고, 더 가치가 있게 됩니다. 그러니까 진리 공부를 해나가면 할수록 삿된 음행, 음욕심, 이런 부분들은 점차 해결이 쉽게 되는 겁니다. 이건 억지로 되는 게 아닙니다. 계를 지키면서 진리를 공부하다 보면 아무런 문제 없이 자동으로 해결됩니다.

제가 어렸을 때는 등겨 가루로 만든 개떡이 있었는데, 그걸 학교 가면서 늘 먹고 그랬어요. 그때는 배가 늘 고플 때니까 참 맛있었거든요. 그런데 어느 날 도시에 나와 보니까 아이스크림도 있고, 빵도 있고, 케이크도 있는 겁니다. 너무 너무 맛있죠. 케이크 먹어보면 예전에 먹었던 개떡은 생각도 안 해요. 안 합니다. 안 하게 돼 있습니다. 절대로 안 먹죠. 누가 먹겠습니까?

그렇게 입맛이 바뀐 것 같이, 우리가 최고로 좋아했던 어떤 것들이, 진리 공부를 해나가면서 가장 아름답게, 가장 수승하게 바뀌어지는 겁니다. 점차 의식이 높아지면서 더 좋고 더 가치 있는 곳으로 나아가게 되죠. 이건 억지로 되는 게 아닙니다. 어느 날 우리 의식이 높아지고 마음이 풍족해지면 반드시 자동으로 바뀌게 되어 있습니다. 그래서 부처님 공부를 진실하고 간절하게 해나가면 부부가 더욱더 아름답게 사랑하게 되는 겁니다. 그렇게 살아가게 되는 겁니다. 우리 의식이 자꾸 아름답고 순수한 쪽으로 변해가는 겁니다. 억지로 되는 게 아니고요. 공부를 진실하게 하면 됩니다.

칠불통계게七佛通戒偈에서 "제악막작諸惡莫作 중선봉행衆善奉行 자정기의自淨其意 시제불교是諸佛敎"라고 하잖아요. 바르지 못한 것들은 멀리하고, 옳고 바르고 순수하고 착하고 이런 것들을 자꾸 해나가려고 노력하다 보면, 자기 마음이 조금씩 맑아지게 됩니다. 자기 마음이 맑아지고 좋아지는 가운데 의식은 높아지고, 부부관계는 더욱더 아름답게 좋아집니다. 욕망 쪽으로 가는 게 아니고, 순수한 사랑, 그 한마음 쪽으로 나아갑니다. 아무 문제가 없어집니다.

이 세상의 모든 존재들은 어떤 사명을 갖고 이 세상에 태어납니다. 그게 무엇이겠습니까. 이 물질 세계에 자기 종을 퍼트려야 하는 사명을 갖고 태어납니다. 반드시 대를 이어야 하는 것이죠. 붓다가 되려면 그런 중생 세계, 육도 윤회의 세계에서 벗어나야 합니다. 붓다가 되려고 공부하는 사람은 이런 중생의 사명을 다 내려놓아야 됩니다. 결국에는 그렇습니다. 술, 담배 끊은 사람이 술, 담배 싫어하듯이 가장 순수한 아름다움으로 바뀌게 됩니다.

세상의 많은 사람이 실패하고, 망하고, 고통받고, 끝내는 아파서 병들고 늙어서 고통과 신음 속에서 후회하며 죽습니다. 이렇게 죽는 사람들 대부분은 바로 음행하고 관계가 있습니다. 일반 삶도 계를 중요하게 여기지 않으면 그렇게 망하는데, 하물며 진리는 어떻겠습니까? 부처님 공부를 진실하고 간절하게 해나가면 저절로 모든 문제가 해결됩니다.

14

가족은 수행의 장애일까?

많은 분이 부처님 법을 만나면, '아, 내가 참 어리석게 살았구나!' 이런 생각을 합니다. 여기서부터, 자기 현재 위치에서부터 출발해야 해요. 비켜 갈 수도 없고 피해 갈 수도 없습니다. 반드시 지금 내 위치에서부터 헤쳐 나가야 합니다. 마음만 저 높은 이상에 가 있으면 맨날 몸에 괴로움만 닥치고 고통 속에 더 빠지게 됩니다. 그래서 정확하게 현재 자기 위치에서부터 해결해 나가야 해요.

어떤 좋지 않은 조건에 있다고 해도 내가 지혜를 냄으로 인해서 굉장히 좋은 조건으로 바뀝니다. 석가모니 부처님도 그랬습니다. 출가하려고 마음을 딱 먹었는데 아들 라훌라가 태어났습니다. 라훌라 뜻이 '장애'입니다. 장애가 태어났다는 겁니다. 출가하는 데 장애다, 이런 겁니다. 그런데 아들이 하나 생기는 바람에 그 아들이 대를 이을 수 있도록 해

두고 자기는 출가할 수 있었습니다. 처음에는 어리석게 장애라고 생각했는데, 저 아들 때문에 오히려 내가 궁을 떠날 수 있었던 겁니다.

우리가 부정적으로 생각하면 결혼한 것이 공부에 장애가 됩니다. 결혼도 안 하고, 자식도 안 낳았다면 지혜롭게 살 수 있을 텐데…, 이런 생각을 합니다. 그게 부정적인 생각입니다. 그 부정적인 생각을 완벽하게 100% 긍정적인 생각으로 딱 바꿔버리면 내 남편, 내 아내, 내 자식이 나의 성불에 최고의 선지식이 됩니다. 너무 중요합니다. 지금부터 이제 내가 갖고 있는 부정적인 마음을 완전하게 바꾸세요. 지금까지 내가 손등으로 살았는데 갑자기 이걸 탁 뒤집는 겁니다. 부정적인 생각을 긍정적인 생각으로 바꾸는 순간에 세상이 변하는 건 하나도 없습니다. 세상은 하나도 안 변하는데, 내 마음이 완전하게 바뀌는 겁니다. 마음이 바뀌어요. 깨달음도 마찬가지입니다.

내 마음의 보배 구슬을 찾아서 언제든지 써라

지금 이 세상이 허망한 세상이고 가상의 세상이고, 내가 탐진치 삼독심으로 지은 세상이다, 이렇게 말을 하잖아요. 그래서 이 세상을 벗어나라, 이러는데, 벗어나는 방법이 이걸 없애는 것도 아니고, 이걸 있는 그대로 두고 내 마음을 싹 바꾸는 겁니다. 그러니까 "한 발자국도 떼지 않고 얻는 이것", 이랬거든요. 그 말이 무슨 말이냐? 지금 우리가 부정적으로 잘못 볼 뿐이지, 실제 상황을 꿈과 같이 보고, 또 꿈과 같이 봤던 것을 실제 상황으로 보고, 긍정적으로 마음을 바꾸면 바로 그 순간에 모든 것이 해결 나요. 자식을 다 버리고 떠나야만 도를 깨쳐서 성불하는 게 아닙니다. 이미 각자 그 법(法)의 여의주를 다 갖고 있는데 이걸 몰라요. 어떤 것도 다 이룰 수 있는 법의 여의주를 각자가 다 갖고 있어요. 다 갖고 있는 데 이걸 전혀 모르고, 엉뚱하게 노력하고 뭘 해결하려고 하잖아요.

내가 아직 이 법의 구슬이 있는지 없는지 모르니까 부처님께서 있다고 가르쳐주신 겁니다. 찾아 쓰는 것은 네 몫이다, 있기는 분명히 있다, 이렇게 알려주신 겁니다. 부정적으로 생각하지 말고 긍정적으로 보세요. 부처님께서 분명히 있기는 있다고 하셨습니다. 그러면 문제는 찾는 것만 찾으면 돼요. 있는 겁니다. 내가 못 찾아도 있는 겁니다. 공부를 그렇게 하셔야 해요. 사유를 부정적인 생각에서 긍정적인 생각으로 바꾸셔야 해요. 거기서부터 출발하셔야 합니다.

(질문 - 법회 오기가 쉽지 않은데, 집에서 혼자 어떻게 공부해야 할

까요?)

일일기도문이 있습니다. 하루 5분이면 됩니다. 100일 정도 하시면 조금씩 삶이 바뀝니다. 삶이 바뀐다는 것은 내가 생각했던 사고 방법이 바뀌는 겁니다. 내가 이때까지 생각하고 살았던 패턴이 지혜롭게 바뀌어요. 그러면서 서서히 바뀌어 가는 겁니다. 어려운 것 하지 말고 쉬운 것부터 하세요. 당장 뭘 획득하려고 하지 말고, 일일기도문 하세요.

(질문 - 집에서 108배를 하면 남편이 부담스러워합니다.)

아이고, 하지 마세요. 지금 뭘 해서 얻는 건 아닙니다. 왜냐하면 원래 있는 것이니까요. 부처님께서 보배 구슬을 딱 준 겁니다. 누구한테나 똑같은 보배 구슬을 다 줬는데 자기가 지금 있는 거 못 찾는 겁니다. 있는 거 찾는데 108배 하면서 찾을 필요가 없어요. 내 안에 있는데 그걸 왜 108배 하면서 찾아요? 그렇지 않아요? 내 안에 있는데 그냥 찾아내기만 하면 되는데 108배를 해야 찾아내나요? 안 그래요? 또 찾아낼 필요조차 없어요. 내가 갖고 있는데 왜 그걸 찾아요? 그냥 쓰면 돼요. 어떻게 쓰느냐? 대긍정으로 쓰세요. 있기는 분명히 있는데 대긍정으로 쓰면 그게 빛을 발해서 지혜롭게 가게 돼요. 그런데 부정적으로 쓰게 되면 자꾸 어렵고 힘들고 그래요. 본래부터 있으니까 처음부터 이제 차근차근 하세요. 쉽게 찾아내 쓸 수 있는 방법이 일일기도문에 있어요. 그거 꾸준히 하세요. 일단 해보면 자꾸 지혜가 생겨요. 뭐 높은 거 생각하지 마세요. 이것은 안심 법문입니다. 내 마음의 보배 구슬을 언제든지 꺼내 쓰는 겁니다. 걱정할 게 없어요.

한 생각을 지혜롭게 바꾸면 자식이 진짜 스승님이고 선지식입니다. 내가 지혜롭게 한 생각 바꾸면 자식이, 남편이, 아내가 진짜 위대한 선지식이고 부처님이다, 이렇게 마음을 딱 바꿔 먹고 산다면 공부도 잘되고 집안도 잘 돌아가고 그래요. 절대로 도망가면 안 돼요. 그래야 해결돼요.

장애를 장애로 생각하면 안 됩니다. 장애다, 이런 생각은 절대 하지 마셔야 해요. 어려운 상황을 겪었기 때문에 다른 사람도 이해할 수가 있고, 또 그런 가운데 마음이 익어갑니다. 자기가 받아들이고 수용하면 그게 다 이득이 돼요. 그런데 그렇지 못하면 맨날 싫은 겁니다. 막 꼴도 보기 싫게 됩니다. 그러면 해결이 안 나잖아요. 왜냐면 모든 사람이 다 위대한 불성을 가지고 있고 다 성불할 수 있는 그런 인연을 갖고, 먼 훗날 수많은 생이 지나고 수많은 겁이 지나면 싹 다 부처가 될 수 있는 사람이다, 이렇게 미리 생각해보세요. 미래를 생각하면 다 위대하신 분들입니다.

자기가 부자 되는 바라밀

『법화경』에 나옵니다. 아불감경어여등我不敢輕於汝等 여등개
당작불汝等皆當作佛. 나는 아무도 경멸하지 않는다, 얕잡아 보
지 않는다, 먼 훗날 미래를 보니까 이분들이 다 위대하신 32
상三十二相 80종호八十種好를 갖춘 위대한 부처님이다, 이렇
게 석가모니 부처님께서 미리 본 겁니다. 석가모니 부처님
께서 깨달음을 얻기 전 과거 수많은 생에서 수많은 도반과
같이 수행했는데, 그중에 유일하게 석가모니 부처님께서 성
불해서 부처가 됐습니다. 부처가 된 이유가 그겁니다. 대긍
정! 모든 존재들이 모두 다 위대한 붓다가 되는구나, 그걸
확실히 알고 단 한 사람도 경멸하지 않고, 하심하고, 다 위
대한 부처님이다, 그런 마음을 가졌기 때문에 석가모니 부
처님께서 수행할 때 다른 도반들 중에서 제일 먼저 성불한
겁니다. 그게 위대한 평등성의 지혜입니다.

　이 평등성의 지혜는 모든 존재가 다 고귀한 금으로 되어
있다, 싹 다 위대한 금덩어리다, 그런데 내가 감히 저 사람
들을 얕잡아 볼 수 있겠느냐, 이런 평등의 마음을 갖고, 평
등의 지혜로 수행을 했기 때문에 제일 먼저 부처가 됐다는
겁니다.

　저 사람이 장애야, 저 사람이 없으면 벌써 성불했을 텐데,

내가 잘 살았을 텐데, 행복했을 텐데, 이런 생각을 하면 어리석은 생각입니다. 석가모니 부처님은 모든 사람이 다 위대한 존재라는 생각을 갖고 수행했기 때문에 제일 먼저 부처가 됐습니다. 이 말이 『법화경』에 나와요. 그게 지혜로운 마음이고 지혜롭게 사는 겁니다. 마음 편안하게 내려놓고 그리 사세요. 그러면 좋은 일이 자꾸 생기고 그래요. 피해 가지는 마세요.

서래조의최당당西來祖意最堂堂. 서쪽에서 온 부처님의 위대한 가르침의 진정한 뜻이 뭐냐? 당당히 살아라, 피하지 마라, 당당하게 사는 사람이 반드시 성공하고 해탈하고 자유를 누리고 부처가 된다, 피하고 움츠리고 머리를 안 좋은 쪽으로 삿된 쪽으로 굴리고 살면 결국은 더 떨어진다, 이런 겁니다. 부처님의 위대한 가르침은 당당하게 사는 것입니다. 잘못됐으면 잘못된 것 인정하고, 더 바르게 나아가려고 노력하는 사람, 이런 사람들이 성불하는 겁니다. 마음을 다잡아서 당당하게 사세요. 가난한 마음 갖지 말고 부자 마음 가지세요.

조금만 생각하면 나에게 해당하는 문제는 내가 해결할 문제지, 남의 말 듣고 해결할 일은 아니라는 것을 먼저 꼭 자각하셔야 합니다. 이것은 자기가 제일 잘 알아요. 예를 들면 누구도 나의 죽음을 해결 못 해줍니다. 내가 죽는데 다른 어떤 누구도 대신 죽어줄 사람 없어요. 그런 걸 사유해보면, 아, 내 문제는 정말로 내가 지혜롭게 해결해야 하겠다, 이런 마음을 딱 가지셔야 해요. 그리고 긍정적으로 받아들이고, 베푸는 마음, 다른 사람을 위하는 마음, 이런 마음속에 내가 잘 사는 도리가 있습니다. 현재 복을 많이 받고 사는 사람은 다른 것 아무것도 없어요. 미리 종잣돈 풀어놓은 겁니다.

내가 남한테 어떤 식으로든지, 말 한 마디라도 베풀어 놓으면 그게 복이 돼서 돌아와요. 그렇게 베푸는 일만 하면 됩니다. 그럼 나중에는 계속 복이 들어오는 겁니다. 그런데 베풀지 않고, 남의 것을 자꾸 그냥 당겨쓰면 자기는 가난해져요. 내가 지금 남한테 베풀 게 아무것도 없는데 어떻게 베풀란 말이냐? 이리 말하면 안 돼요. 부드러운 말, 좋은 말, 아름다운 말, 선한 말, 남을 존중하는 말, 이런 말이 최고로 복을 짓는 겁니다. 그게 최고의 보시바라밀입니다. 재물로 보시하는 것은 하찮은 거예요. 마음 잘 쓰는 거, 마음 잘 써서 남을 이롭게 하고, 말 한 마디라도 남한테 잘 베푸는 마음을 내면 그게 싹 다 복으로 돼서 자기한테로 돌아옵니다. 너무너무 쉬워요. 해보세요.

보시바라밀은 자기가 부자 되는 바라밀입니다. 베푸는 게 어렵다고 생각하면 안 돼요. 말 한 마디, 인사 한 마디, 인사 한 번 지극하게 잘하고, 미소 한 번 짓는 데에서 복이 들

어오는 겁니다. 이해가시죠. 절대 불법 안 어려워요. 그렇게
사세요.

15

·

부자 마음 가진 자 부자된다

사람들은 세속에 욕심이 없다고 하면서도 어느 정도 돈이 있어야 하고, 어느 정도 건강해야 하고, 아이들 성적도 어느 정도 돼야 한다는 마음을 갖고 있습니다. 사람들 대부분은 이런 마음을 다 갖고 있습니다. 여기서 중요한 점은 우리가 좀 더 근원적인 부분을 볼 필요가 있다는 겁니다. 자기 근원적인 부분, 내가 누구인가에 대해서 깊이 파고 들어가면, 허상으로 꿈과 같이 존재하는 이 모든 세계가 다 자기 것인 것을 압니다. 이걸 정확하게 보셔야 해요. 먼지 하나, 날아가는 새 한 마리, 모두 다 내 안에 있는 겁니다. 이걸 꼭 기억하셔야 해요. 그걸 알았을 때 족한 마음이 드는 겁니다.

내 집에 있는, 내 집 창고 속에 있는 보물은 다 내 거예요. 우주가 다 자기 것이라는 걸 정확하게 알 수가 있어요. 전체가 다 자기 겁니다. 완전하게 자기 것입니다. 그걸 아는 순간에 구족한 마음이 딱 드는 겁니다.

모자람이 하나도 없습니다. 모자란 마음이 없을 때 어떤 기적이 일어나냐? 내가 내 창고에 가서 필요한 건 얼마든지 끄집어내 쓸 수 있습니다. 내 것인 줄 알았기 때문에 그렇죠. 남의 집 창고에는 내 마음대로 못 가잖아요. 분명히 내 것이기 때문에 내가 필요하면 창고에서 오만 가지 다 끄집어내 쓸 수 있습니다. 그런 기적이 일어나는 겁니다.

그래서 완전히 구족된 마음, 아무 문제 없는 이 마음이 먼저 자리가 잡혔을 때, 모든 것을 자기 마음대로 쓸 수 있는 일이 벌어집니다. 가난한 마음, 부족한 마음이 다 사라지게 돼 있어요. 그때 정말로 삶을 사는 거예요. 그런데 내가 어느 정도 뭔가 갖췄을 때 이 부처님 공부를 하겠다, 이런 마음을 먹으면 평생 그게 안 채워져요. 평생 가난하게 돼요.

먼저 자기를 딱 봐서, 완전히 구족돼 있고, 완전히 문제가 없고, 모든 것이 나의 것이고, 내 안에 다 있다는 족한 마음을 가졌을 때, 족한 일들만 살살 생기는 겁니다. 너무너무 중요합니다. 그래서 구족한 마음, 일없는 마음, 문제없는 그 마음을 먼저 가져라, 그러면 돈은 필요할 때 언제든지 쓸 만큼 생기고, 건강도 꼭 필요할 때 지키게 되고, 병이 나더라도 그 병은 더 잘 되기 위해서 생기는 병이고, 업보를 해결하기 위해서 생기는 병입니다. 하나도 문제가 될 것이 없어요. 아파서 죽어도 문제가 될 것이 없는 겁니다.

업보를 해결하기 위해 생기는 병

그런 마음을 속에 간직하면, 나머지 세속적인 문제는 해결이 다 됩니다. 굉장히 중요하죠. 그래서 먼저 완전한 자기를 봐라, 그러면 나머지는 저절로 좋게 간다, 그렇게 생각해야 합니다. 나는 부족하기 때문에 이걸 다 채워야 무슨 일을 할 것이다, 이 생각은 가난한 마음입니다. 움켜쥐고 있으면 돈이 도망가요. 움켜쥐고 있는 마음의 반대급부로 돈이 도망가 버리지만, 열어놓고 '내가 부자야! 나는 구족해!' 이런 마음만 가지면, 생각할 때마다 돈이 쑥쑥 들어오고, 일이 풀립니다. 원리가 그래요. 부자 마음 갖고 살아라, 족한 마음 갖고 살아라, 그게 비법입니다.

허공과 같은 마음을 가져야 합니다. 허공은 모든 우주를 다 포함하죠. 내 마음속에 우주 전체가 다 들어가 있는 겁니다. 그런 마음을 갖고 살면 다 자기 것이니까, 언제든지 끄집어내 쓸 수 있는 기적이 일어나요. 그래서 부처님 법은 위대하다 그러는 겁니다. "마음 잘 써라, 그러면 위대한 일이 벌어진다." 이게 밀법密法입니다. 비밀의 가르침, 부자된 마음, 일없는 마음, 문제없는 마음을 수용하고 늘 거기에 안주하면 이루어지게 돼 있어요. 원리가 그래요. 가난하기 때문에 내가 악착같이 돈을 벌어야 한다, 이러면 돈이 안 벌려요. 나는 내가 부자이기 때문에 아무 문제가 없어, 이러면 가난한 마음이 싹 사라져 버리죠. 부자 마음을 가지면 부자가 됩니다.

16

나쁜 습관 DNA

대부분 사람은 신통이 다 있습니다. 다 있어요. 신통도 능력과 수준 따라서 천차만별의 신통력이 있습니다. 그런데 신통을 부리고 있는데도 본인이 모르는 경우가 많습니다. 신통은 신기하고 오묘하게 어디에도 통한다는 겁니다. 예를 들면 내가 저 사람 낫게 하고 싶으면 낫게 하고 싶은 그것이 통한다, 가장 신비하고 신묘한 이런 어떤 능력들이 서로 통한다, 그런 것이거든요.

부처님은 신통을 얻었다고 하고, 또 수행자가 깨달음을 얻지 못해도 신통력을 개발해서 신통을 부릴 수도 있다, 그런 이야기를 많이 합니다. 그런데 본래 신통은 다 가지고 있습니다. 가지고 있는데 신통을 쓸 줄 모르고 신통이 있는지도 모르고 살 뿐이죠. 어떤 사람은 조금 알면서 신통력이라고 하고, 또 어떤 사람은 태어날 때부터 아주 신통한 능력을 갖고 나오는 사람도 있습니다.

신통은 다 가지고 있다

물론 부처님의 신통력하고는 비교할 수는 없어요. 깨달음을 얻은 분의 신통력은 가히 불가사의합니다. 일반 사람이 갖고 있는 신통력은 그냥 누구나 조금만 공부하다 보면 그걸 쓸 수 있고, 또 알 수 있습니다. 지금 거사님이 저를 볼 때 신통으로 보는 거예요. 눈을 통해서 나를 볼 때 신통으로 보는 겁니다. 아주 신기한 어떤 것이 통해서 지금 나를 보는 겁니다. 또 바깥에 지금 새 소리가 울리는데 저것도 신통으로 듣는 거예요. 이게 이해가 가셔야 해요. 그런데 우리는 이것을 그냥 보통 예사로 생각합니다.

신기하죠. 신기합니다. 어떤 소리가 바깥에서 나면 저 소리가 나한테 들리는데 어떻게 들리죠? 통해서 들리는 겁니다. 그냥 통하는 게 아니라, 신기하게 통해서 들리는 겁니다. 서울에 있는 방송국에서 방송하면 여기에 들리잖아요. 스위치를 탁 틀면 들리잖아요. 얼마나 신통해요. 그런 것을 신통이라고 그러는 겁니다.

우주 법계法界는 한 몸입니다. 우리는 각각 개별적으로 분

108

리된 어떤 존재라고 하면 잘 안 통해요. 그런데 전체와 내가 둘이 아닌 하나다, 둘이 아닌 존재라는 것에 대해서 확실하고 올바른 개념이 자리에 잡히면 잘 통하게 돼 있어요.

예를 들면 어머니와 자식은 하나라는 개념을 갖고 있거든요. 이런 개념을 갖고 있기에 자식이 먼 타국에서 죽을 만큼 아플 때 자식이 간절하게 엄마를 생각하고, 엄마는 자식을 간절하게 생각하면서 기도하면 그 신통이 통해서 나을 수 있는 겁니다. 둘의 관계가 너무 간절하고 애절하고 둘이 아니라는 이런 개념 때문에 시간과 공간의 개념을 탁 뛰어넘어서 작용할 수 있습니다. 서로 간절하게 마음을 내면 두 사람이 통하는 겁니다. 신기하게 통하는 거예요. 신통이란 말이 그 말입니다. 신기하게 통한다, 통해서 나의 간절한 것이 전달돼서 병을 낫게 해줄 수 있습니다. 원리가 그렇습니다.

우리가 한 생각을 일으키면, 이 한 생각이 서울에 있는 내 자식한테 바로 전달되는 전파를 쏠 수가 있습니다. 다만, 받아들일 수 있는 우리 몸의 어떤 체계, 그게 개발이 안 됐기 때문에 도구인 기계를 통해서 들을 수 있는 겁니다. 원래는 기계를 통할 필요가 없어요. 본래 신통이 있다니까요. 그런데 우리가 이 무지無知 무명無明의 어리석은 세속의 지배를 받기 때문에 개발이 안 된 겁니다. 그래서 이런 것들을 개발하고 위대한 존재가 되라는 겁니다. 원만구족圓滿具足하고 걸림 없는 존재라는 걸 깨달으라는 겁니다. 그런 공부를 하라는 겁니다. 그게 대단한 게 아닙니다. 이런 원리를 알게 되면, "이게 가능하네!" 합니다.

『능엄경』에 보면, 깨닫는데 가장 좋은 방법은 이근원통耳根圓通이고, 두 번째 좋은 방법이 "육근六根을 이용해서 염불하라."고 합니다. 육근을 다 섭수攝受해 지극하게 염불하면 깨달음을 얻을 수 있다, 이런 얘기입니다. 자식이 간절하게 엄마를 생각하고, 엄마가 자식을 간절하게 생각하면 두 사람이 아무리 멀리 있어도 만나는 것과 똑같습니다. 이 공부도 마찬가지입니다. 부처님을 믿고 간절하게 하면 자기의 능력이 완벽하게 개발되는 겁니다. 모든 사람이 그런 능력이 다 있어요. 그런데 우리는 평생을 살면서 오욕락五欲樂에 젖어서 가장 위대하고 불가사의한 법法의 여의주를 생각도 안 하고, 그냥 먹고 사는 데 치중하며 거대한 그 능력을 모두 다 사장시키고 갑니다.

우리는 부처님의 화신

석가모니 부처님은 천백억 화신化身이잖아요. 우리는 화신입니다. 석가모니 부처님의 화신입니다. 그런데 우리는 무지 무명의 어리석음 때문에 어리석은 짓을 하는 무지 무명의 부처님입니다. 그래서 부처님께서 "애닯다!"고 하신 겁니다. 모든 존재가 하나인데, 그걸 모른다는 겁니다. 큰 바다는 그냥 단 하나의 물이잖아요. 우주 전체가 완벽하게 하나입니다. 그 의식을 가져야 하는데 우리는 아직 개별적인 의식에서 벗어나지 못하고 있어요. 이건 '나'다, '나'다, '나'다, '나'라는 아집我執에 쌓여서 바다 같이 가장 소중하고 근원적인 존재를 잊고 살아요. 수소 2개 분자와 산소 1개 분자가 합쳐져서 수많은 천백억 물이 존재하는 거잖아요. 마찬가지예요. 이 개아個我라는 개념이라는 게 실제로는 가상입니다. 바다가 움직이듯이 전체가 유기적으로 움직이는 존재인데도 개별적인 나가 있고, 저것은 남이다, 나와 남이다, 그러잖아요. 각자 개별적인 자의식 때문에 모든 걸 다 잃어버린 겁니다. 가장 위대한 존재를 잃어버린 것이죠. 그래서 이걸 깨달아서 불생불멸하고 영원한 존재가 되려고 이 공부를 하는데, 공부하다가 신통한 것이 조금 나타났다고 이걸 깨달음으로 여기면 큰일납니다.

우리가 공부하다 보면 대자대비의 마음 때문에 신통방통한 능력들이 생기기도 합니다. 여기에 혹하지 말길 바랍니다. 모든 사람은 신통한 능력을 갖추고 있습니다. 어떤 사람은 능력이 있어서 자기 창고의 보배를 끄집어내어 쓸 수 있는데, 어떤 사람은 능력이 없으니까 못 끄집어냅니다. 그런데 누구나 창고에 보물이 많기 때문에 전체 문을 활짝 열고 얼마든지 끄집어낼 수 있습니다. 그 원리를 아셔야 해요. 그러면 그때부터 부처님의 능력이 개발되는 겁니다. 절대 이걸 자랑으로 여기지 말고 공부를 깊이 해나가야 합니다.

지장보살님이 보배 여의주를 들고 있잖아요. 이 구슬이 의미하는 바는 무엇이든지 할 수 있고, 무엇이든지 이룰 수 있는 여의보주라는 겁니다. 이 여의보주는 모양도 없고 형상도 없지만 깨달으면 얻을 수 있습니다. 깨달음을 얻었을 때 그 법의 여의주를 마음대로 쓸 수 있는 겁니다. 그 보배 여의주를 마음대로 끄집어내어 쓸 수 있는 깨달음을 얻고, 중생에게 이익되는 일을 해야 한다는 겁니다.

부처님은 사생자부四生慈父입니다. 사생자부는 뭐죠? 태난습화胎卵濕化, 사생의 자비하신 아버지죠. 이걸 꼭 기억해야 해요. 태로 태어나고, 알로 태어나고, 습기로 태어나고, 화생으로 태어나는 모든 생명을 가진 존재들의 자비하신 아버지입니다. 평등입니다. 인간만이 아닙니다. 그러면 어떻게 해야겠어요? 평등하게 모든 생명을 존귀하게 여겨야 해요. 그러면 고기 안 먹어야 하고, 담배 안 펴야 하고, 술을 안 마셔야 해요. 그게 대자대비입니다. 그 대자대비에 조금이라도 합당하지 않으면, 아직 부처님 공부가 멀었다고 생각하세요. 부처님의 대자대비 앞에는 청정법신淸淨法身, 이게 딱 붙어요. 비로자나 부처님의 대자대비 광명은 우리의 대자대비 광명하고 달라요. 반드시 청정한 마음속에 대자대비가 발현돼야 해요.

마음의 세 가지 성질

그러면 청정한 마음속에 대자대비가 발현되려면 어떻게 해야 하느냐? 바로 문수보살님의 지혜가 어떤 것인가 정확하게 이해하고, 보현보살님의 실천행을 통해서 위대한 붓다가 되는 겁니다. 문수보살님의 지혜와 보현보살님의 실천행이 합쳐지지 않으면, 내가 내는 대자대비는 올바르지 못한 겁니다. 자비심을 내기는 내는데 담배 냄새가 나고 술 냄새가 나는 자비가 된다는 거예요.

도 깨치는 공부에서 가장 문제가 뭐냐면 바로 습성입니다. 습성을 고치지 못하면 가다가 딱 걸려요. 못 가요. 가다가 걸립니다. 오랫동안 자기 마음을 살펴보면 자기 마음의 성질을 알 수가 있습니다. 자기 마음의 성질을 알면 그 성질을 잘 쓸 수 있습니다. 모든 사람이 보편적으로 태어날 때 가지고 있는 성질이 있습니다. 그 성질을 잘 개발하면 성공

할 수 있습니다. 천재를 만들 수가 있죠. 어릴 때 갖고 온 성질도 잘 개발하면 이렇게 성공하고 천재도 만드는데, 우리가 본래부터 갖고 있는 성질을 잘 개발하면 어떻게 되겠어요? 위대한 부처가 되는 겁니다. 그 성질을 잘 개발할 수 있어야 해요. 그럼 본래부터 어떤 성질을 갖고 있느냐?

　우선 사람들은 집착하고, 애착하는 습성이 있습니다.(변계소집성遍計所執性) 그런데 그 성질을 어리석게 쓰니까, 무지 무명으로 빠지는 겁니다. 이를 바꾸지 않으면 안 돼요. 그래서 가장 먼저 자기 마음을 잘 살펴보고 자기의 허물을 찾아야 한다는 겁니다. 내가 어떤 옳지 못한 습관을 갖고 있는가? 답이 나오거든요. 우리가 사유를 해보면 답이 나와요. 내가 갖고 있는 습관 중에 올바르지 못한 습관이 무엇인가, 이걸 살펴야 해요. 이것을 알지 못하면 절대 부처가 안 됩니다. 그래서 나의 나쁜 습관이 뭔지를 먼저 살펴야 해요. 좋지 않은 습관은 그만둬야 합니다. 그 자리에다가 좋은 습관을 들여야 합니다. 좋은 습관이 뭐예요? 부처님 되려는 습, 부처님 따라가는 습, 이겁니다.

　두 번째는 사람은 서로 의지하고 사는 습성이 있습니다.(의타기성依他起性) 사람 인人, 이게 기둥 두 개를 세워놓은 글자죠. 자기 혼자 독단적으로 못 사는 거예요. 그런데 의지를 해도 올바른 곳에 의지해야 합니다. 바르고 정당한 곳에 의지해야 하는데, 보통 세상 사람들은 올바르게 의지하지 못합니다. 좋지 않은 곳에 의지해서 다 망하고, 끝도 없이 육도六道를 헤매거든요. 그러면 어디에 어떻게 의지해야 할 것인가? 바로 부처님께 의지해야 한다는 겁니다.

세 번째는 사람은 완전해지고자 하는 성질이 있어요.(원성실성圓成實性) 부족한 것을 채워서 완전해지고 싶은 성질이 다 있습니다. 사람들이 완전해지고 싶은데 어떻게 해야 완전해지고 행복해질까? 어디로 가야 완전해지는지 모르기 때문에 맨날 헤매는 겁니다. 그러다가 인생 다 보내잖아요. 그래서 완전해진 부처님을 생각하셔야 해요. 부처님은 완벽하고 완전하게 모든 문제를 해결하신 분이거든요. 우리의 본래 성품이 완전하기 때문에 그 완전한 걸 찾으면 되는 겁니다. 완전한 자기 성품을 찾으면 신통방통해집니다. 완전해진 존재이기 때문에 신통방통해지는 거예요.

이런 세 가지 성질을 지혜롭게 쓰기만 하면 반드시 부처가 되는 겁니다. 그래서 부처님께 의지하고, 부처님 가르침에 의지하고, 부처님 가르침을 전하는 승가에 의지해야 합니다. 이렇게 지극하게 삼보三寶에 귀의하는 마음을 딱 가슴에 심어야 합니다. 그럼 이 삼보에 의지하는 마음을 가졌다고 하면 제일 처음에 해야 할 것이 뭐죠? 삼학三學, 계정혜戒定慧로부터 출발해야 합니다.

자신을 살피면 습관은 저절로 바뀐다

만법유식萬法唯識. 모든 법은 다 식識이라고 합니다. 그중에 변계소집성遍計所執性, 두루 계탁計度하고 집착해서 들여놓는 속성, 이것을 해결하지 않으면 모두 다 육도윤회, 악도에 빠지는 원인이 된다는 뜻이죠. 그런데 지금 이걸 안 고치고 나에게 와서 자꾸 신통방통 이야기를 하면 안 됩니다. 지금 당장 담배, 술 끊고 와야 합니다. 그러기 전에는 나하고 절대 도道에 대해서 이야기하면 안 돼요. 담배, 술이 세상을 해하는 원인인데 그걸 못 끊고 위대한 부처가 되겠어요? 안 된다는 거예요.

오늘부터는 끊으셔야 해요. 좋은 능력을 갖고 있는데도 불구하고 이걸 못 끊으면 능력이 어느 단계에서 딱 멈춰버려요. 그 능력이 가다가도 왜 끊기느냐? 담배, 술 때문에 안 된다는 겁니다.

담배, 술을 하는데 능력이 발휘되는 것은 그냥 신기神氣입니다. 이게 이해가 가야 합니다. 신력神力이 움직인 거예요. 법력法力이 움직이고, 자비가 움직인 게 아닙니다. 신력이 움직여서 신통방통한 일이 생기는 것은 반드시 나중에 마장魔障을 타요. 내가 그런 사람 한두 번 본 게 아닙니다. 나중에 후회하지 말고 지금 끊으셔야 해요. 이 습성을 바꾸지 않으면 부처님 법이 아니고 외도外道입니다. 수억 겁이 지나더라도 옳지 못한 습관을 고쳐가면서 내가 이 길을 가야겠다 했을 때, 그때 그 마음속의 자비심이나 환희심이나 기쁨이나 자유는 그냥 일반적인 자비나 자유하고 다릅니다. 그것을 얻으시라고 지금 이 얘기를 하는 겁니다.

공부하다 보면 실제 신기가 와요. 지금 우리나라에 이렇게 신기로 장사하고 세상을 해하는 사람들이 많습니다. 그런데 그 사람들이 앞을 못 내다 봐요. 작은 것에 사로잡혀 능력을 사용하다가 반드시 마장을 타게 돼 있어요. 그래서 망하는 겁니다. 제가 다니면서 다 봤습니다. 가만히 보니까, 부처님 법은 아닙니다. 부처님 법은 가장 먼저 선재선재善哉善哉라, 착하고 착한 마음, 청정 무구한 마음을 가져야 합니다. 나의 이 깨달음 공부는 오로지 수많은 중생을 이익케 하고 행복과 자유로 이끌기 위해서다, 이런 보리심菩提心의 마음이 자리가 잡혀야 합니다. 그래야 바른길을 가는 것이죠. 안 그러면 반드시 마장 타서 나중에는 비참하게 돼요.

내가 부처님 공부하기 전에 시내버스를 운전했습니다. 운전할 때 술, 담배, 고기 다 먹죠. 다 했어요. 그거 아니면 못 살아요. 왜냐하면 동료들과 술 먹고, 고기 먹고, 담배 피워야지 스트레스가 풀렸거든요. 그렇게 살았다니까요. 그게 백해무익이라는 소리를 듣고 끊어보려고 노력도 많이 해봤어요. 이 생각 안 해본 사람이 어디 있어요. 그런데 습관이 딱 들여지면 어렵습니다. 며칠 끊는 건 어렵지 않아요. 그런데 며칠 지나면 또 생각나고 그러잖아요. 그래서 저도 두 번 정도 실패했어요.

그런데 부처님 공부하고 명상 수행을 통해서 내가 내 성품을 딱 보고 나니까 그 자리에 술, 담배, 고기 이런 것이 붙을 자리가 없었습니다. 그냥 가버린 겁니다. 그냥 다 떨어져 나갔어요. 무구청정無垢清淨한 그 자리는 어떤 것도 붙을 자리가 없어요. 잘 살펴봐서 그 자리는 술, 담배, 고기가 붙을 자리가 아니라는 걸 아는 순간에 그것들이 도망가요. 술 먹고, 담배 피우고, 고기 먹고 싶은 마음이 사라집니다. 억지로 끊으려고 하는 건 잘 안 됩니다. 그래서 내가 부탁이 있어요. 앉아서 결가부좌하고 자기 자신의 마음을 꾸준히 살펴보라는 겁니다. 자기가 어떤 존재인가 살펴보면, 자기가 금덩어리란 걸 알 수 있습니다. 금덩어리가 한번 제련돼서 금이 되면, 아무리 시궁창에 갖다 놓아도 안 변해요. 이렇게 공부를 하셔야 해요. 이해 가시죠? 다른 것 하지 말고 자기를 살피세요. 자기 마음을 살피는 게 첫째입니다.

·

17

자신을 살피는 것이
수행의 시작이다

부처님 가르침의 핵심을 말하면 팔정도八正道 수행입니다. 그런데 기초 준비가 안 된 사람은 팔정도 수행을 못 합니다. 왜냐하면 견해가 자리 잡지 않았기 때문입니다. 그래서 제일 먼저 지혜를 얻어야 합니다. 우리가 깨달음을 얻는 데 장애를 주는 독이 뭐냐면 탐진치貪瞋癡입니다. 그 탐진치 중에서 가장 문제가 되는 게 뭐겠습니까? 치癡죠. 치가 제일 문제입니다. 탐하는 마음과 분노를 일으키는 마음은 별로 문제가 안 돼요. 제일 문제가 치입니다. 지혜가 없으면 공부를 할 수가 없어요. 아무리 천만 배를 하고 용맹정진해도 공부가 안 돼요. 그래서 제일 먼저 지혜가 개발돼야 합니다. 그러면 지혜 개발을 어떻게 해야 하느냐? 부처님께서 잘 설명해놓으셨어요.

37조도품三十七助道品을 보면 나옵니다. 37조도품에서 제일 먼저 수행해야 할 것이 관觀입니다. 관 수행.『반야심경』에도 관자재보살이 나오잖아요. 살피는 것을 잘해야 합니다. 그럼 뭘 살피느냐? 신수심법身受心法, 몸과 느낌과 마음 그다음에 진리에 대한 근원적인 것, 이걸 잘 살펴야 합니다. 자기 자신을 잘 살펴보는 것에서부터 제일 먼저 시작해야 이 공부에 들어갈 수 있는 겁니다. 다른 것 아무리 많이 해봐도 헛일입니다. 자기가 누군지 알아야 하죠. 자기를 알지도 못하면 어떻게 가겠어요? 제일 처음에 살피는 것, 먼저 자기를 잘 살펴봐라, 관이 그렇게 중요합니다.

신수심법을 총체적으로 관하다

제 이야기를 조금 해드릴게요. 속가에 있을 때입니다. 어느 날 버스 운전을 마치고 집으로 가는데 갑자기 세상일을 다 끝냈다는 생각이 들었습니다. 이제 세상일에 더 이상 미련이 하나도 없다는 생각이 들었어요. 거기서 한 20분 정도 걸어가면 우리 집입니다. 중간쯤 가면 길가에 나무 의자가 하나 있어요. 딱 앉아서 하늘을 한번 쳐다보고 또 땅을 한번 쳐다보고 이렇게 사방을 한번 둘러보니 고요한데, 갑자기 마음이 텅 비면서 눈물이 팍 쏟아지는 겁니다. 눈물이 걷잡을 수 없이 막 쏟아져요. 문득 '내가 이 세상에 와서 내 할 일은 다 끝냈다.'는 생각이 드는 겁니다. 눈물을 주체할 수 없이 한 10분 동안 흘리면서 집으로 들어갔어요. 씻고 내 방으로 가서 처음으로 앉았습니다.

조그마한 방에 혼자 앉아서 가만히 저를 살펴보았습니다. 저를 살펴봤는데, 아무리 찾아도 '나'라는 존재가 안 보이는 겁니다. 나를 쳐다보니까 내가 안 보여요. '나'라는 존재가 없습니다. 아무리 찾아도 없어요. 그렇게 밤새고 아침에 보살님한테 그때 내가 가지고 있는 용돈, 손에 낀 반지 등등 모든 것을 주면서 "나는 이제 필요 없어." 말하고 집을 나왔죠. 회사에는 한 일 주일 정도 못 나가겠다는 말을 전했습니다. 그때 어디로 갔냐면 진주 가는 차를 타고 산청 대원사 쪽으로 갔어요.

버스 종점에서 내려 대원사 쪽으로 쭉 걸어가는데, 주마등처럼 스쳐 지나가는 것이 있었습니다. 과거 생에 수행했던 것이 딱 떠오르는 겁니다. 정확하게 어떤 장소인지는 모르지만 어떻게 수행하고 몸을 벗었는지 그냥 생각이 났습니다. 갑자기 정신이 돌아온 겁니다. 잊고 있었던 과거의 수행이 생각난 겁니다. 그 생각이 나자마자 대원사 입구에서부터 수행을 시작했습니다. 그 첫 수행이 뭐냐면 관觀 수행입니다. 신수심법身受心法에 대해서 총체적으로 관을 하는 겁니다. 비가 쏟아지고 바람이 불어도 묵묵히 발걸음을 떼면서 철저하게 깨어 있는 의식으로 '나'만 향했습니다. 모든 의식을 내 자신으로 향해서 걸어갔죠. 그렇게 지리산 천왕봉까지 올라가고 다시 내려오는 데까지 딱 일주일이 걸렸습니다. 그 일주일 동안 완벽한 관 수행을 한 겁니다. 과거 생에 했던 것을 연장해서 한 겁니다. 우리가 진리 공부를 해서 배워 놓은 것은 그다음 생에 다시 가져가요. 그래서 이런 이야기를 드리는 겁니다.

부처님 공부에서 가장 중요한 것이 관 수행이니까, 관에서부터 출발하라는 겁니다. 그래야 간화선도 되는 겁니다. 관 수행을 잘했을 때 그다음에 견성하고, 다시 공부 지어나가서 보리심을 증장시키고, 또 관 수행을 잘해서 자재하게 됩니다. 간화선의 '간看' 자도 살피는 겁니다. 다 살피는 것으로 끝나요. 화두 공안도 마찬가지죠. 화두 공안은 선지식이 문제점을 주면 오로지 그 공안이라는 문제만 살피는 겁니다.

관의 힘에 의해서 묘한 지혜의 힘이 생긴다

그렇게 하면, 모든 번뇌 망상은 그 공안 하나에 다 붙어서 결국은 공안을 해결했을 때 완전히 자기를 보는 겁니다. 이 공부는 바깥에 치달리는 마음을 완벽하게 자기 자신으로 돌려서 자기를 잘 살펴보는 것으로부터 시작해야 합니다. 처음 수행할 때 반드시 자기를 관찰하는 것으로부터 시작해서 공부하다 보면 나중에 제대로 갑니다. 그런데 자기를 제쳐놓은 채 자기 아집은 끊임없이 키우고, 에고를 강화하고, 상을 높이면서 공부하면 그것은 귀신 공부입니다. 자기 상을 완벽하게 제대로 파악해서 공부해야 공부가 되지, 안 그러면 맨날 헛일하고 자기는 놓쳐버린다는 겁니다.

자기가 철저히 비어서 존재하지 않는다, 이렇게 봐야 합니다. 실제로 자기라고 할 만한 것도 존재하지 않습니다. 그런데도 자기 업보 따라 자기의식 따라 여러 형태를 보는 겁니다. 이것을 철저하게 이해해야 합니다. 나는 '나'가 아니라는 것을 이해하고 이 공부를 하셔야 제대로 갈 수 있지, '나'를 갖고 성불하려고 하고, '나'를 갖고 뭔가 깨쳐서 부처가 되겠다고 하면 맨날 헛방이라는 겁니다.

왜냐하면 '나'는 거짓이고, 있지도 않고, 존재하지 않는 가짜인데도 불구하고, '나'를 갖고 '나'를 부처로 만들려고 하면 처음부터 발걸음을 잘못 들이기 때문입니다. 그러니까 철저하게 자기는 비어 있는 것이구나, '나'라고 할 만한 것은 존재하지 않는구나, 이렇게 분명히 알아야 합니다. 그렇게 나의 실체가 뭔지 파악해서 나가는 것이 관입니다.

그렇게 수행해나가면 됩니다. 신수심법身受心法 사념처四念處 다음에 두 번째가 모든 악은 끊고 선은 받들어 행하라, 사정근四正勤이죠. 이렇게 착한 일을 하고 악을 끊고 자기 자신을 잘 관찰한 사람은 그다음부터는 관의 힘에 의해서 묘한 지혜의 힘이 생깁니다. 그럼 그때부터 사여의족四如意足, 하는 일마다 족한 일이 생기거든요. 자기가 마음먹고 자기가 생각했던 것들이 참 신기하게 돌아갑니다.

왜냐하면 바르게 생각하고, 바르게 실천 수행하고, 올바르게 살기 때문에 그다음부터 자기가 하는 일은 원만하고 족하게 이루어져 갑니다. 그다음에 오근五根, 오력五力, 이런 힘이 생깁니다. 법력法力, 지혜의 힘이 생긴다는 것입니다. 그 힘으로 정견正見, 바른 견해가 딱 생기는 겁니다. 바른 견해가 생기면 그 바탕 위에서 팔정도八正道의 나머지 일곱 가지는 그냥 따라오는 겁니다. 바른 견해가 생긴 사람이 정사유正思惟를 하게 되고, 바른 말을 하게 되고, 바른 일을 하게 되고, 바른 직업을 갖게 되고, 또 바른 선정으로 수행해서 완전한 지혜가 발현되는 겁니다.

그렇게 수행하시면 하나도 어긋나지 않고 부처님 공부를 바르게 할 수 있어요. 자꾸 옆으로 새서 삿되게 공부하지 말고 부처님께서 정확하게 가르쳐 놓은 대로만 공부하시면 성불하시고 자유를 얻습니다.

18

그림자에 속지마라

간화선看話禪 할 때 '간看' 자는 '볼 간'자입니다. 화두話頭를
보는 겁니다. 참구하라, 이 말은 화두를 보는 거예요. 봐야
한다는 겁니다. 화두를 본다, 이 말은 성품을 본다는 말입니
다. 성품을 봐야 한다는 겁니다. '화두'라는 말은 우리의 참
된 성품이 뭔지 알 수가 없으니까, 화두를 통해서 성품을 보
라는 얘기입니다. 화두는 수학 방정식의 엑스(x)입니다. 엑
스(x)라는 말이 화두입니다. 모르기 때문에 화두죠. 알지 못
하기 때문에 화두입니다. 성품을 보라고 해서 간화선입니
다. 참구해서 봐라, 봐야 한다는 거예요. 자기 성품을 자기
가 봐야지만 확인되죠. 로또를 사서 정확하게 이것이 맞는
지 안 맞는지 내가 확인해야지만 끝나지, 확인 안 하고는 절
대 모릅니다. 그게 화두입니다. 화두라는 말이 엑스(x)이고,
이 엑스(x)는 결국 성품입니다. 성품을 확인하면 화두를 깨

쳤다고 합니다. 성품을 봤기 때문에 문제가 사라지거든요. 그래서 화두를 타파했다, 이 말은 내가 성품을 봤다는 말입니다.

사람들이 이 성품을 잘 못 보니까, 대신 성품을 '부모미생전父母未生前 본래면목本來面目'이라고 하는 겁니다. 이렇게 정확하게 이해하고 화두를 들어야 합니다. 그 성품을 알 수 없고, 성품을 뭐라고 할 수 없으니까 우선 엑스(X)라고 해보죠. 수학 방정식에서는 엑스(X)라고 했지만, 화두 공안에서는 그 엑스(X)가 '부모미생전 본래면목', '뜰 앞의 잣나무', '이 뭣고?'입니다. 성품이 엑스(X)이고, 뜰 앞의 잣나무입니다. 엑스(X)가 무엇인고?, 뜰 앞의 잣나무가 무엇인고? 이 말입니다.

자기 성품을 봐라

결국은 귀일처歸一處가 어딘가, 이것을 말하는 겁니다. 그런데 엄밀하게 말하면 귀일처가 사유 쪽으로 가면 안 됩니다. 지금 화두 참구하는 많은 분들이 사유 쪽으로 가고 있습니다. 사유해서 뭔가를 타파하려고 하거든요. 생각을 일으켜서 화두 공안을 타파하려고 합니다. 이게 문제점이 많습니다.

언어를 끊기 위해서 제자한테 순간적으로 주는 게 화두 공안입니다. 그런데 지금 그게 안 되는 시대입니다. 지금 시대는 앞도 막히고 뒤도 꽉 막히는 화두를 받을 수 있는 시대가 아닙니다. 이것을 잘 이해하셔야 합니다. 지금 이 시대가 그걸 주고받고 할 수 있는 시대가 아니라는 겁니다. 그래서 지금은 보편적으로 정사유正思惟, 바르게 사유할 수 있는 화두를 주는 겁니다. 보편적으로 부모미생전 본래면목, 무無, 만법귀일萬法歸一 일귀하처一歸何處, 이런 화두를 줍니다. 이건 정사유를 통해서 화두를 공부할 수 있는 방법입니다.

그런데 요즘 시대에는 용맹정진해도 깨달은 사람이 왜 없을까요? 지금 이 문제점을 찾아야 합니다. 간화선이 수승하고 참선 공부가 최고로 수승하다고 말하지만, 선지식이 제자한테 주는 화두 공안이 그 사람의 식심識心 사유思惟를 끊는 화두가 될 수 없다는 겁니다. 그래서 선방에 앉아서 헛된 시간을 보내는 일이 부지기수입니다.

간화선이 수승하고 좋지만, 이 시대에 과연 우리 수행자한테 부합되는 부분이 많은가를 봤을 때는 엄격하고 진실하게 생각해 볼 필요가 있는 부분입니다. 왜 그러냐면, 당나라 시대 때는 기라성 같은 위대한 선지식들이 많이 존재했기 때문에 수많은 사람의 식심을 끊고, 생각을 끊게 해서 성품을 볼 수 있도록 했기 때문에 그 간화선이 살아있었습니다.

조주 선사나 옛날 큰스님들은 아무리 하근기下根機라도 100일이면 깨친다고 하는데 지금은 왜 못 깨치느냐? 이것을 잘 보셔야 합니다. 시대마다 그에 따른 부합한 법이 항상 있습니다. 합당한 법들이 있는 겁니다. 부처님 당시에는 간화선이 없었지만, 중국으로 건너와서 그 시대에 부합된 간화선이 나온 겁니다. 지금 우리 수행하는 사람들은 많은 지혜가 필요합니다. 시대마다 팔만사천 부처님 가르침은 끝도 없이 성장하고 변화해서 그 시대에 알맞게 쓰이고 있습니다. 문제는 결국 뭐냐? '화두 참구'라고 할 때 그 '화두 참구'라는 것이 다른 게 아니고 성품을 보라는 겁니다. 성품을 보라는 얘기는 결국은 마음을 살펴보라는 얘기죠. 도를 깨칠 때까지 화두를 들고 있으라, 하는 말은 엑스(X)는 꼭 갖고 있어라, 이런 얘기입니다. 그런데 엑스(X)를 갖고 있는 게 아니고, 끝도 없이 사유한다는 겁니다. 식심識心 망상妄想을 쓴다는 겁니다. 화두를 들고 있으면서 많은 식심 망상을 쓰는 겁니다.

파도가 없으면 바닷물은 썩는다

이 공부는 생사生死를 요달了達하는 문제이기 때문에 남의 말 듣고 무조건 따라가서 될 일이 아닙니다. '자등명自燈明 법등명法燈明'이라는 말이 중요합니다. 부처님 당시에 제자가 부처님께서 열반하시면 어느 분을 선지식善知識으로 모시고 수행해야 합니까, 이렇게 묻습니다. 당시 수많은 스승이 꽉 차 있었습니다. 그중에 최고의 스승이 누구겠어요? 최고의 스승은 바로 부처님 가르침입니다. 그러면 누구를 선지식으로 믿어야 하느냐? 부처님께서 말씀하시죠. "내가 남기는 가르침을 따라가라. 그것이 선지식이다."

부처님 가르침이 선지식인데, 누가 부처님 가르침을 똑바로 설하는지 안 설하는지 알 수가 없습니다. 그래서 무작정 따라갑니다. 일없이 장에 가듯이 따라다닌다는 거예요. 이름난 사람, 인가 받았다는 사람, 도인이라는 사람, 거기로 간다는 겁니다. 그런데 가기는 가더라도 부처님 가르침에 합당한지 합당하지 않는지 항상 살펴보고 합당한 것만 따라가야 합니다. 그게 지혜로운 사람이 해야 할 일이죠.

지혜로운 사람은 반드시 진제眞諦와 속제俗諦를 아울러야 합니다. 이 사바세계, 중생세계는 속가俗家의 진리가 있습니다. 세속의 법을 지키고 사는 게 속가의 진리죠. 나쁜 짓 하지 마라, 좋은 일 해라, 좋은 생각을 일으키라, 나쁜 생각을 일으키지 마라, 그래서 정사유正思惟라는 말을 반드시 씁니다.

세속에 사는 사람이 번뇌 망상 없이 사는 사람이 어디 있어요. 세속에서는 번뇌 망상 없이 살 수가 없잖아요. 그래서 분별심 내지 마라, 이런 소리 해서는 안 됩니다. 세속에는 세속의 바른 생각들이 있는데 그것까지 말살시키면 세속 사람들이 어떻게 살겠어요? 다 머리 깎고 출가하라는 것밖에 더 되나요? 이렇게 해야 합니다. 번뇌 망상의 실체가 뭔지를 파악해라, 구름 같고, 파도 같고, 일어났다가 사라지는 것이기 때문에 그저 일어나든지 말든지 가만히 놔둬라, 해야 합니다. 구름은 조금 있다가 사라질 것이고, 파도는 쳤다가 가라앉을 건데 왜 번뇌 망상과 싸움하게 만드냐는 겁니다.

잘 들어보세요. 자등명 법등명이라는 말은 계戒를 잘 지키라는 말입니다. 가장 기본적인 계가 갖춰지면 선정 삼매는 저절로 들어갈 수 있습니다. 번뇌에서 해탈해야 해요. 번뇌가 일어나든지 말든지 자유를 얻어야죠. 오히려 번뇌가 많이 일어나야 가정도 좋아지고, 번뇌가 많이 일어나야 사유 폭도 넓어지고, 창의력도 커지고 그래요. 번뇌가 안 오고 가만히 있으면 무지렁이가 되고, 돌도 되고, 썩은 무정물이 됩니다.

생각을 많이 일으켜야지 그 사람이 끊임없이 발전하고 진취성이 있습니다. 부부 간에 싸움해서 오만 생각들이 볶아지면 그 다음부터는 의식이 더 높아집니다. 너는 너, 나는 나, 서로 입 딱 다물고 너대로 살고 나대로 살고, 이러면 자꾸 의식이 떨어져 버려요. 바다에 파도가 안 치면 바닷물은 썩어버립니다. 하늘에 구름이 없으면 비가 오겠어요? 자유인이 되라고 이 공부하고, 생사에서 영원한 해탈을 얻으라고 이 공부하는데, 그런 바보짓하고 있으면 아니라는 겁니다. 화두 참구는 한순간에 끝나야 합니다. 최대한 100일 안에 끝나고, 그 안에 못 끝나면 화두 공부는 잘못된 것입니다. 빨리 포기할 줄 알아야죠. 큰스님하고 인연이 됐으니까 계속 가보자고 하는데, 자기 성품은 스스로 당당해야 해요. 남의 것으로 당당하면 안 되죠. 끝까지 자기가 자기로서 살아야 자기 생사를 자기가 끌고 갈 수 있는 겁니다.

자기 마음이 선지식이다

진정으로 자기한테 당당해야 합니다. 자기를 속이면 안 됩니다. 그래서 이름이나 명예를 좇아가면 안 된다는 겁니다. 부처님 가르침 따라 자등명 법등명해야 합니다. '관심일법觀心一法 총섭제행總攝諸行'이라고 하죠. 달마 대사께서 하신 말씀입니다. 모든 부처님의 실천 수행은 오로지 관심일법이다, 네 마음을 살펴라, 네 마음 살펴보면 자기 허물 찾을 수 있고, 자기 성품도 볼 수 있다, 이 말입니다. 이 마음이 부처님 가르침과 부합하는지 부합하지 않는지 살펴보는 것, 그게 최고의 선지식입니다. 이것을 부처님께서 유언하시고 열반에 드셨기 때문에 우리는 부처님 가르침을 따라가야 합니다.

부처님 가르침에서 제일 처음이 뭐죠? 계정혜戒定慧죠. 이 중에서 가장 소중한 것이 계戒입니다. 육도윤회 세계에서 계를 안 지키면 거기서 못 벗어납니다. 계를 안 지키면 육도윤회에서 업보 따라 갈 수밖에 없습니다. 빚을 갚아야 하니까요. 그래서 계를 지키려고 노력하는 사람이 선정 속에 들어갈 수 있고, 그 선정 속에 들어가서 마음이 안정되면 지혜가 밝아져서 깨달음을 얻을 수 있는 겁니다.

사유를 잘해야 합니다. 부처님께서 일대사인연一大事因緣으로 왔지, 모두 성불시키려고 왔나요? 석가모니 부처님은 한마디만 하면 다 끝낼 수 있습니다. 모두 성불시킬 수 있죠. 그런데 부처님은 대자대비심 때문에 인연만 심어준 겁니다. 나머지는 우리가 하고 싶은 거 다 하다가 언젠가는 깨친다는 것 알기 때문에 일대사인연으로 출현하신 것입니다. 우리를 확철대오시키려고 출현한 것이 아니란 겁니다. 대자비심으로 다 인연을 심어준 것입니다. 너 하고 싶은 거 다 하다가 언젠가 깨칠 거야, 내가 네 인연 심어주러 왔어, 이러는 겁니다. 자비심이 그런 데서 나오는 거예요. 부처님은 싹 다 한순간에 깨닫게 해줄 수가 있어요. 그런데 그건 상相이지 자비심이 아닙니다.

그 사람의 삶을 존중해 주고, 그 사람 입장으로 보는 겁니다. 이 세속의 세상이 나쁜 것만은 아니라는 것이죠. 이 세상은 진리의 장이고, 도량이고, 수많은 사람이 어우러지고, 희로애락 속에서 아름다운 열매가 익어가는 세상이니까요. 이 아름다운 열매가 익어가도록 일대사인연, 깨달음의 인연을 심는 것이 부처님의 도리인 것입니다.

본인이 위대한 스승님입니다. 본인의 성품이 자기 자신의 위대한 스승님입니다. 자기 마음을 잘 살펴보면 자기 마음속에 위대한 선지식이 있습니다. 바깥의 그림자를 쫓아다니지 마세요.

19

•

참된 자기는 누구인가?

우리가 지금 생사고해生死苦海 속에 빠져 있는 것은 이 몸이 '나'다, 라는 동일시同一視 때문에 그렇습니다. 이 동일시는 착각의 동일시입니다. 이 몸이 나다, 이 사대오온四大五蘊의 몸뚱이를 '나'라고 동일시하는 겁니다. 실제는 전혀 그렇지 않습니다. 자동차 좋아하는 사람은 1년에 차 한 대씩 뽑는 다고 합니다. 새 차가 나오면 바꾸고, 좋은 차 나오면 또 바꾸고 그렇게 합니다. 이런 사람은 차를 자기와 같다고 생각하죠. 차에 애착을 가지면서 동일시를 한다는 겁니다. 동일시한다는 것은, 애착 때문에, 집착하기 때문에, 내 차가 조금이라도 긁히면 마치 자신이 아프듯이 아파한다는 겁니다. 그런데 가장 깊은 동일시가 뭐냐면, 사대오온으로 만들어진 이 몸뚱이를 자기와 동일시하는 것입니다.

그런데 조금만 사유를 해보면 이 몸뚱이가 나 아닌 줄 알죠. 참 자기가 아닌 줄 알아요. 그 사유를 안 해서 늘 이 몸뚱이가 '나'다, 여기서 한 발자국도 벗어나려고 생각을 안 한다는 거예요. 자기라고 하는 이 몸뚱이 외에 다른 어떤 것도 사유를 안 한다는 겁니다. 그런 모든 동일시, '나'라고 했던 모든 동일시를 내려놨을 때 참된 자기 성품이 드러나는 겁니다. 그런데 우리는 '나는 어떤 모양이나 형상으로 있는 것이 아니다.' 이것을 받아들이지 못합니다. '없는 것'에 대한 사유를 안 한다는 겁니다. 반드시 '나'라고 하는 존재는 보이든지 보이지 않든지 뭔가 있어야 한다, 이렇게 생각하는 겁니다. 이 관념에서 한 발자국도 절대 안 벗어납니다. 이것을 좀 사유해보셔야 합니다.

참된 자기라는 것이, 사대오온으로 만들어진 이 몸뚱이 외에는 존재하지 않는 것인가? 존재하는 것인가? '나'라고 하는 것이 이것을 떠나서 있는 것인가 없는 것인가? 이런 것에 대해서 깊이 사유를 해보셔야 합니다.

나를 완전히 찾는 법

동일시를 버려라, 그러죠. 동일시를 버리라 하면 그럼 도대체 뭘까? 뭐가 나일까? 한번 생각해 보세요. 간단하죠. 엄마

배 속에 의식이 들어갈 때, 그때 나라고 하는 것은 누구인가? 비유로 설명하면, 혼이다, 식이다, 빛이다, 이렇게 볼 수 있죠. 간단하게 말하면 당시는 '빛'이죠. 그러면 그때 나는 빛이라고 할 수 있습니다. 세포가 분열되기 전 엄마 배 속에 내가 잉태되기 전, 세포 물질이 분열되기 전, '나'라는 어떤 것이 존재했다면 그건 물질이 아닌 '빛'이라고 할 수 있습니다. 그러면 그때 나는 누구냐, 하면 이것을 사대오온으로 동일시는 안 합니다. 그런데 세포가 끝도 없이 분열하면서 몸이 형성될 때 그때는 사대오온과 '나'가 동일시되는 겁니다.

그렇게 엄마 배 속으로 들어갈 때의 그 빛, 몸이 형성되기 전의 그 빛은 그러면 진짜 자기냐? 미안하지만 아니라는 겁니다. 그걸 잘 이해해야 합니다. 보통 그걸 영혼, 혼, 식識이라고 합니다. 내 자아의식이 엄마의 배 속에 들어올 때는 망식妄識인데, 망식이 생을 받을 수 있는 형태를 취하기 위해서 조건이 갖춰졌을 때 몸이 형성돼 이 세상에 태어납니다. 그러기 전까지는 식이죠. 그 식이 들어온 겁니다. 그러면 그 식이 진짜 자기냐? 아닙니다. 이것을 이해해야 합니다. 이것을 부처님께서 뭐라고 하셨죠? 무아無我입니다. '나'라고 할 만한 존재는 아무리 찾아도 없다는 겁니다. 미혹된 나, 거짓된 자아, 그것을 알았을 때 '해탈'이라고 합니다.

그런데 사람들이 해탈을 원하나요? 사람들은 자기를 안

내려놓습니다. 각자 자기가 소중하고 귀중하기 때문입니다. 그럼 어떻게 해야 해결할까요? 나를 완전히 찾는 법, 나를 사라지지 않게 하면서 나를 완전히 찾을 수 있는 방법은 뭘까요?

개아個我 의식을 갖고 존재하는 한 고통과 괴로움에서 벗어날 길이 없습니다. 부처님께서 그것을 해결하려고 하셨습니다. 생로병사生老病死 우비고뇌憂悲苦惱인 자기 자신, 사대오온의 몸뚱이를 가진 자기 자신에서 벗어나 참된 자기가 되고 싶어서 깨달음을 얻으신 겁니다. 마침내 해결을 보신 분이 부처님이시니까 그분을 따라가면 알 수가 있습니다. 그래서 부처님 가르침 따라 나아가라고 하는 겁니다. 그렇게 공부하시면 됩니다. 거짓된 자아의식으로 한다면 많이 힘듭니다. 참된 자기를 알고 나면 그다음부터는 자기 원하는 대로 다 이룰 수가 있습니다.

20

·

거짓된 자아의식에
속지 마라

'나'라고 여기고 평생을 살았는데, '나'를 놓으라고 하니까, 당황하고 자신감이 없어진다고 합니다. 그런데 잘 생각해 보세요. 그럴 일이 없습니다. 이치를 따져 봐도 금방 알 수 있습니다. '나'라고 하는 개념은 내 안에 자아의식이 들어와서 '나'라는 개념이 싹트기 시작한 겁니다. 2~3살 아이들은 아직 자아의식이 없습니다. 존재계에서 그냥 자연스럽게 따라갑니다. 먹고 싶으면 먹고, 자고 싶으면 잡니다. 그렇게 '나'라고 하는 개념이 별로 없다가, 성장하면서 자아의식이 생기기 시작합니다. 이름을 부르면 응답합니다. 그때부터 '나'라고 합니다. 자기 중심적인 의식이 자리 잡습니다. 그걸 '나'라고 하고 평생 사는 겁니다. 거기에서 못 벗어납니다.

그런데 자세히 살펴보세요. 자기가 자기를 관찰하고 찾아보면 자기가 없습니다. 마치 수레와 같습니다. 우리가 '수레'

라고 부르는 그 '수레'가 사실은 본래 없는 겁니다. 바퀴, 살, 손잡이, 이런 걸 종합해서 만들어 놓고 '수레'라고 하는 겁니다. '나'라고 하는 것도 사대오온四大五蘊의 모든 원소를 끌어모아서 몸을 만들어 '이것이 나!'라고 합니다. 그때부터는 이 사대오온을 '나'라고 인정하면서 살잖아요. 이걸 못 버리는 겁니다.

요만큼도 어리석게 살지 않은 법

그런데 우린 실제 그게 아니라는 것을 알잖아요. 이 자아의식을 총체적인, 근원적인 본의식으로 돌려놓아야 해요. 본의식이 뭐겠어요? 큰 바다와 같은 전체의식이죠. 이게 굉장히 중요합니다. 그걸 좀 더 세련되게 뭐라고 그래요? 한마음, 일심一心, 불이不二, 이렇게 표현합니다. 사람들의 마음속에 이 거짓된 자아의식이 싹터서 우리의 본성을 놓치고, 거짓된 자아의식에 사로잡혀 평생 어리석게 살잖아요. 무명 때문에, 어리석은 나 때문에, 평생 끝도 없이 고통과 괴로움 속에서 육도윤회六道輪廻를 헤맨다는 겁니다. 거짓된 자아의식 때문에 그렇거든요. 나는 이렇게 살아야 해, 저렇게 살아야 해, 무엇을 해야 해 등등 평생을 헛된 시간 속에 다 보냅

니다. 죽을 때에도 자아의식을 애지중지해서 집착된 자아의
식을 갖고 떠납니다.

부처님께서 이 모습을 보니까 너무 슬프고 참 안됐죠. 자
기를 찾을 생각은 눈곱만큼도 안 하고, 거짓된 자아의식을
다듬어서 애지중지하고 사는 겁니다. 자아의식에 뭔가 덧
칠해서 씌운다는 거예요. 이걸 다 해체해야 합니다. 그래서
부처님께서 말씀하신 겁니다. "나를 다 내려놔라." 그런데
억지로는 절대 내려놓을 수 없으니까, "정확하게 살펴봐라."
는 겁니다. 관찰하면 자아의식이 다 해체되거든요. 그때 얻
는 것은 뭐냐? 완전한 의식입니다. 원만하고, 항상하고, 맑
고 청정하고, 순수하고, 묘하고, 광대무변하고, 불가사의하
고, 완벽하게 걸림 없이 통通하는 자기, 그겁니다.

참된 자기의 본성을 깨치고 났을 때는 요만큼도 어리석
게 살지 않습니다. 삶이 어떻게 이루어지는지를 알게 됩니
다. 「무상게」에서 '천당불찰天堂佛刹 수념왕생隨念往生'이라고
하죠. 진리를 깨달아 아는 불보살님들은 천당, 불국정토 어
디든지 원하는 대로 항상 왕생한다는 겁니다. 이렇게 알고
삶을 살아야 합니다. 모르고 살면 무슨 사고가 딱 터졌을 때
못 벗어납니다. 그만큼 철저하게 자아의식에 대한 개념이
정확하게 자리 잡혀야 해요.

비유를 해보겠습니다. 작은 물방울이 구름 속에 있다가

바다에 떨어집니다. 그때 이 작고 미세한 물방울은 '개아의식個我意識'입니다. 이 물방울, 개아의식은 불완전한 존재입니다. 언제든지 사라질 수 있고, 오염될 수 있습니다. 이 물방울이 바다에 떨어지기 전까지는 고통과 괴로움에서 벗어날 길이 없는 존재입니다. 어느 날 이 물방울이 바다에 떨어지면서 자기 개아의식은 완전히 사라집니다. 자기를 버리면서 얻는 것이 전체의식입니다. 이 개아의식을 내려놓음으로써 전체의식과 하나가 되는 겁니다. 이 개아의식과 전체의식이 하나되는 것을 하나님, 일심一心, 불성佛性, 본자리, 진여眞如, 무심無心, 이렇게 말하는 겁니다. 개인의 자아의식이 사라졌을 때를 말하는 것입니다.

이런 확실한 개념이 자리 잡혔을 때, 그때는 순풍에 돛 단 듯이 삶에 대해서 문제가 사라지는 겁니다. 이렇게 살던지, 저렇게 살던지 아무 문제 없이 살 수 있습니다. 알고 나면 그다음부터는 죽을 때까지 아무 문제 없이 완벽하게 살 수 있습니다. 그걸 모르면 늘 불안과 고통과 괴로움이 따라오는 겁니다. 영원히 육도윤회六道輪廻에서 벗어날 길이 없습니다.

그리고 삼법인三法印에 대한 정확한 인식이 자리 잡혀야 합니다. 무상無常, 고苦, 무아無我를 정확하게 알아야 합니다. 아무리 돈을 많이 벌고, 잘난 맛에 살아도 생이라는 게 100

년 안에 끝나는 것입니다. 무상한 것이라는 인식이 자리잡혀야 합니다. 어떤 일을 하더라도 삶은 무상하게 끝난다는 것이죠. 아무리 건강하고 잘나도 고통에서 벗어날 길이 없습니다. 이 사대오온을 '나'라고 인정하고 사는 한 무상과 고에서 떠날 수가 없습니다. 그래서 부처님께서는 분명하게 말씀해주셨습니다. "'나'라고 할 만한 것, 고정된 실체를 가진 '나'라고 할 만한 어떤 것도, 단 하나도 있지 않다." 그게 무아입니다.

그러면 도대체 어떻게 해야 하느냐? 내가 지금 생각하고 말하고 있는데, 이게 '나'가 아니라면 그럼 어떻게 해야 하느냐? 그때 부처님 가르침 따라 공부해서 얻는 것이 뭐냐면 열반적정涅槃寂靜입니다. 무상, 고, 무아, 이게 정확하게 내 마음에 자리 잡혀서 얻는 것이 바로 열반적정입니다. 여기서 중요한 게 무엇이겠습니까? 부처님 가르침을 정확하게 실천 수행해야 한다는 겁니다. 이게 너무너무 중요합니다.

누가 위태로운가?

중국 당나라의 유명한 선사 중에 도림 선사(741~824)라는 분이 있습니다. 별명이 '조과鳥窠' 스님이라고 해요. 왜냐면 나무 위에 집을 짓고 새처럼 지낸다고 해서 이름붙인 겁니다. 또 당나라의 유명한 대시인이자 학자이고, 관리인 백거이(772~846)라는 사람이 있어요. 백거이는 아주 지혜롭고 영리한 사람인데, 자기를 능가할 사람이 아무도 없다, 이런 자만심을 가지고 있었습니다. 도림 스님의 소문을 듣고 법거량을 하고 싶어 도림 스님의 절로 찾아갑니다. 절 입구에 와서 가만히 보니까 어떤 스님이 나무 위에 거꾸로 매달려서 굉장히 위험스럽게 있었거든요. 백거이가 가서 한마디 합니다. "스님, 떨어질까 참 위태롭습니다." 그러자 도림 스님이 백거이를 보고 이렇게 말합니다. "나는 하나도 위태롭지 않지만, 당신이 매우 위태롭습니다." 이 말을 듣자 백거이는 어이없어 이렇게 말하죠. "아니, 말씀을 똑바로 하셔야죠. 나는 이렇게 땅 위에 서 있고, 스님은 나무에 거꾸로 매달려 떨어질 것 같은데, 왜 제가 위태롭습니까?" 그러자 도림 스님이 말씀하죠. "나는 내가 누군지 알고 생로병사生老病死 오욕락五欲樂에서 벗어났기 때문에 떨어져도 아무 문제가 없다. 그런데 당신은 생로병사 오욕락에 빠져 살면서 오늘 죽을지 내일 죽을지 모르는데 얼마나 위태로운가?"

이 말에 백거이가 정신이 번쩍 듭니다. 그리고 이렇게 다시 공손하게 묻습니다. "스님, 그렇다면 불법의 대의가 무엇입니까?" 스님이 이렇게 답합니다. "제악막작諸惡莫作 중선봉행衆善奉行 자정기의自淨其意 시제불교是諸佛教." 그 말을 듣고 백거이가 웃으며 말합니다. "참, 스님도, 그건 세 살 먹은 아이도 압니다. 그게 도입니까?" 스님이 다시 말합니다. "세 살 먹은 아이도 알지만, 팔십 먹은 노인도 행하기 어렵다!"

도道는 머리로 알고 이해해서 끝나는 것이 아니라, 하나라도 부처님 가르침 따라 실천하는 사람이 깨쳐서 얻는 겁니다. 너무너무 중요합니다. 깨달음은 멀리 있고, 거창한 것이 아닙니다. 초가 타면서 결국은 촛불은 사라지죠. 우리가 지금 촛불과 같고, 타고 있는 초와 같습니다. 언젠가는 사라지죠. 사라진다는 것을 죽음으로 받아들이지 말고, 사라진다는 것을 전체의식과 하나가 된다는 개념으로 바꿔야 합니다. 죽음이라는 개념이 우리 마음속에 자리 잡히면 안 돼요. 이건 끝까지 문제를 일으킵니다.

이 집착이 무섭습니다. 내 것, 내 자식, 내 부모, 이런 집착이 절대로 우리를 안 놔줘요. 우리가 수행에 발을 들여놨을 때 하루라도 빨리 이 집착에서 벗어나서 자유를 얻어야 합니다. 사대오온의 이 '나'라고 하는 존재는 어떤 일이 있더라도 고통과 괴로움에서 못 벗어납니다. 고통 그 자체입니다. 태어나서 끊임없이 생멸하는 이 '나'란 존재는 언젠가는 반드시 졸업해야 하는 고통 덩어리다, 이 말이죠. 그런데도 이 사대오온에 미련을 갖고 못 버리잖아요. 끝내야 하는데 안 끝낸다는 거예요. '나는 아직 젊어!' '나는 할 일이 있어!' 이러면서 안 끝낸다는 겁니다. 끝내고 싶은 사람에게 부처님께서 가르쳐주는 것이 있습니다.

"고통의 원인은 집착과 애착이다. 집착과 애착을 놔버리면 도가 된다."

21

•

무아인데 업보는
누가 받는가?

사람들은 내가 존재하지 않는데, 존재한다는 인식에서 벗어나지 못하고 있습니다. '나'라는 인식에서 벗어나지 못하고 있는 겁니다. 착각입니다. 착각 속에서 못 벗어나고 있습니다. 업보를 받는 놈은 몽상이 받는 겁니다. 착각에서 못 벗어난 어리석고 미혹된 자아가 업보를 받는 거예요. 업보를 받는 자아는 존재하지 않습니다. 이게 굉장히 중요합니다. '가짜 나'가 착각을 해서 받는 거예요. 그러니까 이 착각에서 깨어나지 않으면 수천수만 번을 윤회하고 인과응보를 받게 됩니다. '원리전도몽상遠離顚倒夢想 구경열반究竟涅槃'이라고 하죠. 전도된 뒤바뀐 생각에서 멀리 벗어나면 바로 구경열반이다, 이 말입니다. 무아無我라는 개념이 그렇게 중요한 겁니다. 무아라는 생각을 정말 깊이 있게 사유하셔야 해요.

받을 자가 존재하지 않는데 받는다는 겁니다. 받을 자가 존재하지 않는데 받는다, 그 받을 자가 누군지를 자기가 살펴보면 '아我'라는 것은 존재하지 않는다, '개아個我'라고 하는 것은 존재하지 않는 것이다, 이런 인식이 자리잡혀야 한다는 겁니다.

지금 '착각의 나'가 착각의 업보를 받아서, 착각의 인과에 걸려서, 끊임없이 윤회하는 겁니다. 한마디로 말하면 꿈과 같죠. 꿈속에서 수많은 일이 벌어지지만, 꿈속에서 수많은 일을 벌이는 놈은 존재하지 않습니다. 그놈이 꿈속에서 수많은 일을 만들고, 돌아다니면서 싸움도 하고, 사형도 받고, 목매달아 죽기도 합니다. 그놈은 존재하지 않지만, 꿈속에서는 존재합니다. 존재하기 때문에 끝까지 업보를 받아야 해요. 그런데 어느 날 꿈을 탁, 깨고 나니까 '아, 그놈 없었네!' 이렇게 되는 겁니다. 지금 그와 같습니다.

말이 안 되는 걸 말이 되도록 사유하기

그 '나'라고 하는 놈이 실제로는 존재하지 않는데 내가 착각을 하는 겁니다. 그러면 그 '나'는 어떤 '나'냐? 반야바라밀의 지혜로 '나'를 사라지게 해야 하는데, 그 반야바라밀의 지혜가 어떤 것이냐? 제가 늘 말씀드렸죠. 철저하게 자기 자신을 살펴보면 '아我'라고 하는 것이 존재하지 않는다는 것을 알 수 있다고. 이게 공성空性에 대한 인식입니다.

무아無我라고 하면 내가 '나'라고 할 만한 것이 없다는 겁니다. 지금 이렇게 내가 말을 하는데, 없는 놈이 말한다는 겁니다. 말이 안 되잖아요? 그런데 말이 안 되는 걸 말이 되도록 사유를 해 보세요. '없는 놈이 말하면 어때?' 이렇게 한번 사유해보라는 겁니다. 꿈꾸면서 꿈꾸는 놈이 '이거 가짜야!' 하는 꿈도 꾸라는 겁니다. 굉장히 중요합니다.

우리는 현실 세계를 꿈으로 인식하는 사유를 많이 해야 합니다. 『금강경』의 핵심 내용이 바로 이 말입니다. "현실 세계를 꿈같이 봐라, 그러면 꿈을 깰 수 있다."는 겁니다.

없는 나, 텅텅 비어서 걸림 없는 나, 어디에도 방해받지 않는 나, 그런 인식이 들어오면 그게 전체적인 인식입니다. 이 허공 같은 인식이 내 속에 자리 잡히면 문제가 될 것이 없습니다. 거기는 인과응보, 업보라는 것이 붙을 자리가 없습니다. 그와 같이 사유를 하라는 겁니다. 무아라는 말이 그 말입니다. 개아個我라는 것을 갖고 있으면, 그 개아가 꾸는 꿈은 개아에서 벗어나기 전까지의 업보를 받아야 합니다. 인과응보를 받아야 하고, 지옥에 가야 하고, 윤회에서 헤매야 한다는 겁니다. 그래서 '아'를 살펴서 '아'를 깨치는 게 중요합니다. 스님들이 이런 부분에서 강조를 해줘야 사람들이 사유를 똑바로 하는데, 그런 말 안 하고 그냥 겁을 줍니다. 인과응보, 업보, 윤회 이런 얘기로 먼저 겁을 줘서는 평생 벗어날 길이 없죠. 어떻게 벗어나겠어요. 못 벗어나죠.

그래서 자기를 봐야 한다는 겁니다. 자기 업보를 해결할 수 있는 유일한 방법은 꿈과 같이 나를 사유하고, 텅텅 비어서 걸림 없는 나를 사유하고, 공성空性을 사유해야 합니다. 이렇게 했을 때 이제 진정한 참회가 되는 겁니다. 그게 진참회眞懺悔죠.

내가 만약 벌레 하나 죽였는데, 그 죗값, 그 인과응보를 안 받으려면 벌레를 살려내야 해요. 내가 죽인 벌레를 내가 살려내야 끝나요. 안 그러면 해결이 안 나죠. 이 말은 무슨 말이냐? 꿈을 깨기 전에는 벌레를 죽인 놈을 내가 해결할 길이 없으니까 꿈 깨기 전에는 해결을 못 하죠. 해결이 안 나는 겁니다. 그래서 수천수억 겁 동안 아비지옥阿鼻地獄을 헤매게 됩니다. 무섭죠. 인과응보는 분명하니까요. 왜냐면 내 마음속에 생명을 죽였다는 인식, 미혹 속에서 내가 저걸 죽였다는 인식이 자리 잡혀 있기 때문에 그렇죠. 그렇게 자리 잡힌 걸 해결하려면, 생명을 살려내야 합니다. 살려내는 유일한 방법은 꿈을 깨는 방법밖에 없습니다. 다른 방법이 없다는 겁니다.

현실 세계를 꿈과 같이 보라고 하는 것이 이해가 가시죠?

이렇게 삶을 살면 현실 세계에서 집착이나 두려움이나 공포나 이런 것들이 점차 엷어지면서 사라지고, 자유를 얻어 가는 겁니다. 이런 것들이 진정으로 자량資糧을 얻어가는 겁니다. 복福 많이 짓는 거, 이렇게 하는 것도 좋기는 하지만, 이것은 개아個我의 복이죠. 그게 유루有漏의 복이잖아요.

『금강경』에서 가장 중요하게 여기는 것이 제가 말씀드린 아상我相·인상人相·중생상衆生相·수자상壽者相, 이런 것들을 어떻게 하면 없앨 수 있는가 하는 문제죠. 그런 문제를 없앨 수 있는 방법들이 어떤 것이냐면 '범소유상凡所有相 개시허망皆是虛妄'입니다. 모든 존재하는 현상들은 존재하는 것이 아니다, 텅텅 비어서 없다, 무다, 공이다, 이렇게 사유하는 겁니다. 또 일체유위법一切有爲法 여몽환포영如夢幻泡影, 일체 존재하는 것들은 다 꿈과 같다는 것이죠. 이것이 『금강경』 게송에서 최고의 가르침입니다.

속지 마라

제가 설명하는 것은 부처님 가르침 핵심에서 안 벗어나요. 핵심을 이해하고 핵심에 대해서만 사유하면, 꿈이 슬슬 무너집니다. 꿈이 무너지면 그때부터 이 사대오온四大五蘊을 갖고 있는 몸이 존재해도, 이 사대오온이 텅텅 비어서 걸림 없는 '나'라는 인식이 자리 잡힙니다. 그때 이 몸 그대로 버리지 않고 있는 그대로 자유롭게 쓸 수 있습니다. 그러니까 얼마나 좋아요.

옛날 큰 절에 살 때는 일주일 용맹정신을 많이 했습니다. 점심 한 끼 먹고, 잠 안 자고, 일주일 동안 용맹정진하면 사람들이 약간씩 갑니다. 헛것을 보고 그래요. 밤에 나와서 하늘을 쳐다보고 가만히 있으면 밤하늘에 달이 2개로 보이고, 뭔가 번쩍번쩍하는 것도 보이고 그래요. 그런데 달이 2개로 보이지만, 달이 2개가 아니란 걸 알잖아요. 하나로 알잖아요. 그걸 알기 때문에 미혹에서 벗어나는 겁니다. 달이 2개로 보이더라도 우리는 달이 1개인 줄 알고 있기에 2개라고 미혹하지 않거든요. 그런데 태어나면서부터 달을 2개로 보고 평생을 산 사람이라면 달을 항상 2개로 인식하죠. 그러면 미혹에서 못 벗어나는 겁니다.

그와 마찬가지로 이 사바 세계, 현상 세계는 원래 존재하는 세계가 아니고, 텅텅 비어서 무다, 비어 있어 공이다, 없는 것이다, 이런 인식이 자리 잡힌 사람은 사바 세계에서 미혹하지 않습니다. 밤하늘에 달이 2개인 걸 보고 1개는 진짜가 아니다, 라고 미혹하지 않듯이, 현상 세계를 실재라고 인식하지 말라고 지금 부탁드리는 겁니다.

이 사바 세계에서 마음껏 사랑하고, 마음껏 행복하게 살고, 잘 먹고 잘 살되, 미안하지만 이것은 헛방이다, 꿈과 같은 것이다, 존재하는 실재 세계가 아니다, 라고 인식하고 살아보세요.

이해가 좀 가시죠? 달이 2개가 아니고 1개뿐이라고 인식하듯이 속지 말라는 거예요. 속지 말고 살면 집착과 애착이나 상(相)이나 에고들이 점차 전체적인 인식으로 바뀔 수 있습니다. 이해하시죠? 그렇게 하면 미혹에 휘말리지 않고, 내 앞에서 오만 신통을 다 부려도 안 속는다는 겁니다. 그렇게 했을 때 삿된 데 말리지 않고, 엉뚱한 데로 안 갑니다.

그런 일이 많습니다. 공부하시다 보면 어디서 도 깨쳤다고 하고, 신통한 얘기도 많이 하고, 예언도 하고, 뭐 굉장히 혹하게 하는 경우가 많죠. 그런 것에는 눈도 깜짝하지 말아야 합니다. 왜냐면 우리는 부처님 가르침 따라서 배워왔기 때문에 인식을 분명히 하잖아요. 안 말린다는 겁니다. 상에 안 말립니다.

선사들이 하는 말 중에서 부처를 만나면 부처를 죽이고, 조사를 만나면 조사도 죽인다, 이런 말을 하는데 굉장히 위험스러운 말이지만, 이 말은 자기가 진짜 부처님 가르침을 이해했다면 모든 것을 꿈과 같이 봐야 한다는 뜻입니다. 그랬을 때 혹하지 않고, 삿된 소견에 안 말리고, 외도에 안 말린다는 것이죠.

부처님께서 현상 세계가 좋았다면 왜 그렇게 열반했겠어요? 하늘에서 광명을 확 보이고 모든 존재 앞에 미혹을 다 주고 가셨겠죠. 인간과 똑같은 모습을 보인 것은, 현상 세계가 가상이다, 꿈같은 것이다, 이걸 보라는 겁니다. 미혹에 말려들지 말라는 겁니다. 그랬을 때 네 몸 갖고 있으면서도 자유를 누리고 걸림 없이 산다는 얘기죠. 그런데 사람들은 그리 안 합니다. 에고를 강화하고, 잘난 척하고 그럽니다. 특히 수행자들이 조심해야 할 것은 명예적인 부분입니다. 정말 명예에 걸리면 못 벗어나고 말리게 됩니다.

이해되시죠? 전혀 문제가 없죠? 철저하게 비어 있는 공성, 반야의 지혜를 알아야 합니다. 지금 이 몸을 갖고 있으면서도 '나'라고 하는 것, 굳이 '나'라고 말한다면 어떤 부분을 '나'라고 해야 할 것이냐, 텅텅 비어서 걸림 없는 공의 성품, 그게 '나'입니다. 그래서 『금강경』에서 응작여시관應作如是觀, 마땅히 이와 같이 텅텅 비어서 걸림 없는 자기를 살펴보라는 겁니다. 오랫동안 수행해서 살펴봐도 퍼뜩 자기 성품을 못 보니까, 종을 딱 치고 살피는 겁니다. 종소리 따라가지 말고, 종이 딱 멈춰졌을 때도 아는 자, 종소리 안 들리는 것도 아는 자, 종소리 들리는 것도 아는 자, 이게 '구래부동명위불舊來不動名爲佛'입니다. 걸림이 없고 비어 있고 아무 문제가 없는 겁니다.

그런 마음을 갖고 이 공부를 해나가면 어느 누구에게도 속지 않을 뿐만 아니라, 염라대왕이 저승사자를 보내서 잡으러 와도 나는 안 잡힌다는 겁니다. 왜냐면 잡혀가는 놈은 미혹 때문에 잡혀가거든요. 반드시 잡혀가는 놈은 미혹 때문에 잡혀갑니다. 구래부동명위불, 부동의 마음에서 한 치도 물러나지 않는 사람은 잡아가려고 해도 잡아갈 수가 없습니다.

22

번뇌 망상은 왜 일어날까?

번뇌가 일어나는 이유가 있습니다. 번뇌 망상이 왜 일어나겠습니까? 번뇌 망상은 삼독심三毒心 때문에 일어납니다. 부처님 가르침 따라 팔정도八正道에 입각해서 삶을 살면 번뇌가 안 일어납니다. 행복하고 좋습니다. 번뇌 망상이 일어나는 것은 반드시 삼독하고 관계가 있어요. 팔정도의 자리에서 삶을 살지 않은 어떤 부분들 때문에 번뇌가 일어납니다. 그래서 번뇌가 일어나지 않는 방법으로 부처님께서 설하신 것이 계를 지키라는 겁니다. 논리적으로는 간단합니다.

　계를 지키고 살면 우선 번뇌 망상이 사라지고 행복해진다, 팔정도의 삶에 입각해서 살면 번뇌 망상은 일어나지 않는다, 번뇌 망상이 일어나는 원인은 바르지 못한 어떤 것들 때문에 일어나는 것이다, 그게 삼독의 마음이다, 세상 사람들은 이 삼독심을 갖고 살고 있다, 그것이 사라지면 번뇌 망상이 사라진다, 이런 것이죠. 논리가 그렇습니다.

그런데 더 깊이 공부해보면 번뇌 망상을 없애기 위해 부처님께서 여러 가지 방편을 써놓으셨죠. 원인이 뭔지 잘 모르면서 번뇌 망상을 없애라고 하면 잘 안 됩니다. 그럼 번뇌 망상을 어떻게 없애느냐? 부처님께서는 사유해보라고 하시죠. 깊이 사유해봐라, 그리고 번뇌라는 것이 실체가 있는지 없는지 살펴봐라, 살펴보면 번뇌라는 게 본래 실체가 없는데 실체가 있도록 만드는 원인이 있다, 그게 바로 오온에 대한 집착으로 인해 일어나는 삼독심이다, 그렇게 이야기하십니다. 그렇게 답이 딱 나옵니다. 번뇌 망상이 죽 끓듯 하는 것은 반드시 삼독심과 관계있습니다. 행복과 불행도 마찬가지죠. 불행은 번뇌 망상이 들끓는 것입니다. 그것은 팔정도의 삶이 아니기 때문에 그렇습니다.

번뇌 망상이 나를 괴롭히지 않는다

모든 사람은 항상 번뇌 망상이 있습니다. 오온이 '나'라고 하는 집착으로 일어나는 삼독심이 있기 때문에 그렇습니다. 다른 원인이 없습니다. 번뇌 망상을 그냥 지켜보면 어디서 온 것도 없이 왔고, 어디서 간 것도 없이 가버리고 그래

156

요. 하늘의 구름이 어디서 온 것도 없이 왔다가 또 얼마 있으면 사라집니다. 번뇌 망상이 그와 같습니다. 넓은 허공과 같은 마음에 번뇌 망상이 어디서 왔는지 모르게 왔다가 다시 사라집니다. 이 구름과 같은 것을 번뇌 망상이라고 그럽니다.

그런데 우리의 본성품 자리는 번뇌 망상이 아닙니다. 번뇌 망상은 우리의 본성품 자리에서 일어나는 구름과 같은 존재들입니다. 그래서 번뇌 망상과 나를, 집착과 애착하는 나와 동일시하면 고통스럽고 괴롭습니다. 동일시하지 않고 하늘과 같은 그런 마음이 '나'라고 그렇게 자리를 잡으면 번뇌 망상이 문제를 일으키지 않습니다. 하늘에 구름이 아무리 일어나더라도 하늘은 아무 문제가 없잖아요. 하늘은 아무 문제가 없습니다. 하늘이 '나'라고 하는 확실한 인지가 자리 잡히면 번뇌 망상이 일어나든지 말든지 상관이 없는 겁니다. 그런데 자기 자신을 번뇌 망상과 동일시하면 그때부터는 고치기가 어렵습니다. 내가 하늘이 아니라고 하면 불가능합니다. 그런데 실제 우리 성품은 하늘과 같습니다.

하늘같은 자기 성품은 내버리고 조그마한 개아 의식에 집착해서 그걸 '나'라고 하니까 번뇌 망상이 들끓어서 고치기가 어려운 겁니다. 번뇌 망상을 없애려고 하면 더 일어나게 됩니다. 왜냐하면 조그만 개아를 '나'라고 인정하기 때문에 끊임없이 고통 속에 빠지게 됩니다. 그런데 하늘과 같은 성품이 '나'라고 아는 순간에 번뇌 망상이 있든지 없든지 상관없는 겁니다. 나를 괴롭히지 않습니다. 그래서 자유를 얻는 겁니다. 없애려고 해서 자유를 얻는 것이 아니고, 있든지 없든지 그건 나하고 관계없는 것이다, 이렇게 알았을 때 번뇌 망상은 아무 문제를 일으키지 않습니다.

우리 성품은 어떤 성질을 갖고 있느냐? 우리 성품은 본래 완전합니다. 본래 우리 성품은 원만합니다. 본래 우리 성품은 항상하고, 원만구족圓滿具足하고, 광대무변廣大無邊하고, 무구청정無垢淸淨하고, 걸림 없이 통하고, 불가사의不可思議합니다. 처음부터 우리 본래 성품은 아무 문제가 없습니다. 아무 문제가 없죠. 그래서 아무 문제가 없는 하늘과 같습니다. 지금 현상 세계를 보면 하늘은 아무 문제가 없잖아요. 하늘 속에 존재하는 모든 존재계가 하늘을 의지해서 일어났다 사라졌다 생멸하지만, 하늘 자체는 생멸하는 게 아니거든요.

어느 날 하늘이 나인 것을 보다

그런데 우리 성품은 그 하늘보다 더 불가사의합니다. 그걸 깨치면 견성입니다. 그걸 보라는 겁니다. 하늘보다 더 불가사의한 자기 성품을 보면 끝나는 겁니다. 우리가 이 조그마한 사대오온으로 만든 몸뚱이에 집착해서 이것을 '나'라고 하는 틀에서 못 벗어나니까, 영원히 번뇌 망상을 안고 살아야 하는 겁니다. 그럼 어떻게 깨쳐야 할 것인가? 이런 걸 부처님께서 설하신 겁니다. 동일시하지 마라, 집착하지 마라, 이렇게 말씀하신 겁니다. 이 말은 사대오온의 몸뚱이를 자기라고 집착하지 마라, 이런 겁니다.

부처님께서 가장 문제라고 본 것은 뭐냐면 바로 집執입니다. 집착이죠. 집착하지 마라, 동일시하지 마라, 이걸 나라고 여기지 마라, 이건 네가 아니니까 이걸 너라고 여기지 마라, 그겁니다. 그럼 집착하지 않으면 어떤 일이 생기느냐? 이 사대오온을 인정하지 않으면 어느 날 하늘이 자기인 줄 안다는 거예요. 『능엄경』에는 이 말이 많이 나옵니다. "듣는 놈을 돌이켜서 듣는 놈 자체를 깨달아라." 그게 바로 동일시에서 벗어나라, 구름을 인정하지 말고 하늘을 봐라, 그런 얘기거든요. 그러면 한순간에, 찰나에 자기를 깨칠 수가 있는 겁니다.

광대무변한 자기, 영원한 자기, 불생불멸하는 자기, 원만구족한 자기, 걸림 없는 자기, 무량한 자기, 그걸 깨쳐야지 그걸 못 깨치면 개아의 자기, 소아의 사대오온 몸뚱이에 갇혀 평생 고통에서 못 벗어난다는 겁니다. 진짜배기는 그게 아닌데도 자꾸 가짜를 자기라고 여기는 겁니다. 끝까지 동일시하고 집착하고 애착하죠. 집착에서 못 벗어나는 겁니다.

조금만 사유해보면 그렇지 않거든요. 인연 따라 만났다가 인연 따라 흩어지는 것입니다. 그런데 그걸 못 놓는 겁니다. 놓는 방법 중에서 가장 수승한 방법이 『능엄경』에 나오는 관세음보살 이근원통耳根圓通입니다. 소리를 통해서 도를 깨치는 것이 가장 빠르다는 겁니다. 화두 공안 참구 중에 길을 가다가 대나무 탁 쪼개지는 소리 듣고 다 깨치잖아요. 그게 바로 반문문자성反聞聞自性입니다. 자기와 동일시했던 것이 어느 날 찰나에 뒤바뀌지는 겁니다. 소리 듣고 깨쳤다는 것이 바로 반문문자성입니다. 이근원통 수행입니다. 선방에서 이근원통 수행이라고 하지 않지만, 따지고 보면 이근원통 수행입니다. 반문문자성입니다. 간화선 수행과 이근원통 수행이 다르지 않습니다.

23

참선을 왜 하는가?

참선은 완전한 자유와 해탈을 말합니다. 참선 공부를 한다는 것은, 내가 완전한 존재가 되는 것입니다. 참선하려면 마음이 가장 소중합니다. 내가 완전한 존재, 걸림 없고, 무량하고, 영원한 행복과 자유를 마음껏 누릴 수 있고, 내 마음대로 모든 것을 이룰 수 있는, 그런 완전한 존재가 되기 위해서 참선을 합니다. 영원한 자유인이 되기 위해서. 그러면 마음부터 분명하게, 내 마음속에는 벌써 완전함에 대한 생각을 갖고 있어야 합니다.

마음이 굉장히 중요합니다. 마음이 근본적으로 준비가 돼 있으면 서서히 문제들이 해결됩니다. 완전한 존재가 뭐가 부족해서 계를 어기겠어요? 참선이 앉아서 있는 것만 참선이 아니고, 행주좌와行住坐臥, 앉아 있거나 서 있거나 움직이거나 밥을 먹거나 잠을 자거나 상관없이, 내 마음이 완전한 자리에 가 있으면 참선입니다.

폭탄이 터져도 물러나지 않는 완전한 마음

물질 세계를 놓고 봤을 때 완전한 존재가 어떤 겁니까? 우리가 지금 눈으로 확인하고 보고 생각했을 때 가장 완전하다고 하는 것들은 어떤 것이 있어요? 진리를 잘 알지 못하고, 완전한 것을 잘 알지 못하니까, 현상계에 보이는 것 중에서 완전한 것을 찾아보세요.

현상 세계를 봤을 때 우리가 비유를 들어서 '하늘'과 같은 그런 것은 문제없이 완전한 것입니다. 이 우주, 광대무변한 우주 공간에서 물질적인 것들이 어떤 일을 벌이더라도 하늘은 여여하다, 그리 말할 수 있습니다. 이제 방향을 딱 틀어서 그 '완전한 것'을 자기 자신한테 돌려보세요. 지금 자기 자신의 광대무변한 마음을 바로 보는 것입니다.

지금, 자기 마음을 살펴보면 광대무변한 마음을 볼 수가 있습니다. 허공과 같은 마음이요. 내가 지금 내 마음속에 생각을 일으키지만, 생각을 일으키는 본바탕, 생각은 광대무변한 마음 안에서 내가 생각을 일으키는 거잖아요. 지금 내가 생각하고. 말하고 행동하는 것이 내 마음 안에서, 마음먹은 대로 생각을 일으키고 행동하고 그러잖아요.

그 광대무변한 마음을 지금 바로 봐요. 지금 볼 수 있죠? 자기 마음으로 자기 마음을 볼 수 있는 겁니다. 그걸 언제든지 지킬 수 있겠어요? 화날 때도 그걸 놓치지 않는 겁니다. 그 광대무변한 하늘 같은 마음을 지키는 겁니다. 폭탄이 터져도 광대무변한 하늘 같은 마음에서 안 물러나야 해요. 물러나지 않아야 합니다. 그게 자기입니다.

화가 팍 났을 때 그 마음은 가짜 마음이고, 진짜배기 마음은 광대무변합니다. 하늘같이 무량하고 광대무변한 그 본마음, 그 마음속에서 우리 생각들이 다 일어나잖아요. 우리 마음속에는 헤아릴 수 없이 광대무변한 마음이 있습니다. 그 마음을 우리가 잘 받아 지녀서, 그걸 확실하게 놓치지 않고 받아들이기만 하면, 그 마음이 바로 부처입니다. 「법성게」에서 '구래부동명위불舊來不動名爲佛'이라고 하잖아요. 부동심不動心, 흔들림 없는 하늘같은 그 마음이 바로 부처다, 그걸 놓치지 않아야 해요. 늘 살아갈 때, 말다툼할 때도 말다툼하는 놈은 하늘이 아니고, 갑자기 거짓된 자아의식이 착각으로 말다툼하는 겁니다. 하늘은 그럴 일 없잖아요. 광대무변한 무량한, 내 마음은 본래 그럴 일이 없어요. 다툴 일이 없습니다. 그런데 갑자기 거짓된 자아의식이, 착각의 내가, 아상我相·인상人相·중생상衆生相·수자상壽者相에 걸려 있는 사대오온四大五蘊으로 만들어진 몸뚱아리가, '나'라고 하는 그 좁은 마음이, 다투고 있는 겁니다. 그 '나'가 가짜라는 겁니다. 그래서 그 '아我'를 버려야 된다, 아상·인상·중생상·수자상을 없애라, 그러는 겁니다. 수행은 다른 게 없어요. 광대무변한 하늘과 같은 그 마음이 나다, 광대무변한 그 마음이 난데, 내가 왜 싸움할 것이냐, 하고 포용하는 겁니다. 광대무변한 하늘은 모든 것을 다 포용하고 돌봐주잖아요. 이 세상의 풀, 나무, 생명 가진 모든 것들을 돌봐주거든요. 그런 광대무변한 그 마음 때문에 모든 존재들을 보호하고 돌봐주고 그런 겁니다.

어떻게 자기를 잘 살필까?

부처님 법이 따로 없어요. 그런 마음 지키면 되는 겁니다. 그런데 그거 지키기가 쉽지 않아요. 많이 어렵죠. 그때 그걸 지키려고 앉아서 참선해서 그 마음을 보는 겁니다. 그래서 어떻게 되느냐? 관자재보살觀自在菩薩이 되는 것이죠. 하늘 같은 그 마음을 자기가 잘 살펴보는 것, 그것을 '관자재'라고 그러는 겁니다. 계속 앉아서 충분히 꾸준히 잘 살펴봐서 관자재가 되면, 결국은 관자재보살이 되는 겁니다. 관자재

164

보살님이 되면 32응신三十二應身으로 이 존재계의 모든 존재를 다 이익케 하고 구고구난救苦救難해주는 것입니다.

그러니까 자기를 살피는 걸 잘해야죠. 어떻게 살피는 걸 잘할 수 있느냐? 만약 내가 구업口業을 지었다고 해보죠. 그때 이런 마음을 내야 합니다. '내가 광대무변 하늘같은 마음인데 왜 싸워? 왜 다퉈? 내가 왜 좁게 마음을 썼지?' 이렇게 퍼뜩 알아차리고 참회하고, 하늘같은 마음과 내 오온五蘊의 자의식이 계합契合해야 합니다. 그게 참선이지 뭐 딴 거 있겠어요.

꾸준히 틈나는 대로 그렇게 하고, 그게 잘 안 될 때는 가장 먼저 기본적으로, 제가 늘 말하잖아요, 아침저녁으로 일일기도문을 놓치지 말아야죠. 이걸 절대 놓치지 않고 참선을 해야지, 참선이 바르게 됩니다. 삼보에 귀의하는 마음, 참회하는 마음, 이런 마음을 갖고 참선하면 광대무변한 하늘같은 마음을 볼 수 있습니다. 그러면 견성입니다. 그 자각성을 놓치지 않고 관자재를 꾸준히 하다 보면, 자기가 위대한 존재가 되는 겁니다. 위대한 존재가 되기 때문에 세속의 사람들하고 지지고 볶고 안 합니다. 하늘같은 마음 때문에 다 포용하고 자비로 섭수攝受하는 겁니다. 이렇게 하면 부처님 공부가 어렵지 않습니다.

일일기도문

지극한 마음으로

불·법·승 삼보에 귀의 하오며,

무지 무명으로 지었던

지난 과거의 모든 잘못들을

진심으로 참회하오며,

앞으로는 부처님의 가르침에 의지하여,

반야의 지혜와 자비의 방편으로,

보리심을 일구며,

세세생생 보살도의 삶을 살겠습니다.

참회진언 : 옴 살바 못자 모지 사다야 사바하 (3번)

발보리심 진언 : 옴 보디지땀 우뜨 빠다야미 (3번)

원하옵나니, 이 공덕이 일체에 두루하여,

나와 모든 중생들이 극락세계 왕생하고,

무량수 무량광 아미타 부처님을 뵈어,

다 함께 성불하여 지이다.

(매일 아침·저녁 지극한 마음으로 독송합니다.)

24

소리를 통해 자기
성품을 봐라

소리를 통해서 도를 깨치려면 어떻게 해야 할까요? 종을 한 번 쳐보죠. 뎅~, 하고 소리가 들리죠. 소리가 분명히 들립니다. (시간이 지난 후) 지금은 소리가 사라졌죠? 다시 한번 쳐보죠. 뎅~. 아까 소리가 들리다가 사라지고, 다시 치니까 또 들리잖아요. 귀를 통해서 소리를 듣는데, 저 소리가 났을 때는 내가 들었어요. 소리가 사라지니까 듣는 것도 없잖아요. 그런데 다시 종을 뎅~, 치니까 또 소리가 들렸어요. 그렇죠? 그러면 듣는 놈이 없어졌다가 종을 치니까 다시 왔는가? 어디 멀리 갔다가 종소리를 듣고 다시 와서 들었는가? 사유를 한번 해보세요.

어렵게 생각할 것 하나도 없고, 쉽게 생각하셔야 해요. 종을 뎅~, 치니까 소리가 났거든요. 귀를 통해서 그걸 들었어요. 귀를 통해서 듣는 어떤 놈이 있는 겁니다. 그 듣는 놈이 종소리가 나니까 들었는데 종소리가 사라지니까 없어졌어요. 그런데 종을 다시 뎅~, 치니까, 소리가 나서 들었거든요. 들었을 때는 자각력이 있어서 들었는데, 소리가 안 들릴 때는 듣는 놈이 사라져버렸나요? 아니면 원래부터 있었나요? 이게 굉장히 중요한 얘기죠. 쉬운 것 같으면서도 굉장히 이해하기가 복잡한 부분입니다.

소리는 있다가도 없죠. 종을 뎅~, 치면 소리가 있었는데, 시간이 지나니까 소리가 사라졌죠. 또다시 뎅~, 치니까 소리가 들렸습니다. 소리는 있다가도 없습니다. 그런데 듣는 놈은 어디 멀리 갔다 와서 듣는 게 아니고, 소리가 있든지 없든지 항상 있었죠. 듣는 성품은 흔들림도 없이 오고 가지도 않고, 항상 여여하게 존재했던 겁니다.

우리 성품이 그와 같다는 것을 지금 설명하려고 이 말씀을 드리는 겁니다. 사대오온으로 만들어진 이 몸뚱이는 생하고 멸합니다. 아까 소리가 생했다가 멸했다고 했는데, 생하고 멸하는 가운데 생하는 것을 듣고 멸하는 것도 들었죠. 소리가 생한 것도, 그 생한 것을 아는 놈이 들은 것입니다. 또 소리가 멸한 것도, 그 멸한 것을 아는 놈이 들은 겁니다. 그 아는 놈이 소리가 생한 것만 들은 것이 아니고, 소리가 멸한 것도 들은 겁니다. 소리가 있다고 하는 것을 듣는 놈이 있기 때문에 아는 것이죠. 또 소리가 없다고 하는 것도 듣는 놈이 있기 때문에 아는 겁니다. 사라진 게 아니죠. 소리는 나기도 하고 멸하기도 하지만, 소리가 나고 멸하는 것을 듣는 놈은 항상 있었죠. 항상 존재했다는 겁니다.

비유를 들어서 이것을 설명해보죠.

사람이 태어나서 늙고 병들어 죽는 것은 오고 감이 있는 겁니다. 그러니까 사대오온으로 만들어진 이 몸뚱이는 오기도 하고 가기도 하고 나기도 하고 죽기도 하는데, 생하고 멸하는 가운데 영원히 구래부동명위불舊來不動名爲佛, 멸하는 바가 없는 성품이 있다는 겁니다. 이게 이치적으로는 이해가 가시죠? 지금 무슨 이야기를 하려고 그러냐면 불생불멸하고 영원히 항상하는 것, 끊임없이 항상하는 것에 대해 설명하는 겁니다.

불생불멸, 소리는 생했다가 멸했다가 했는데, 듣는 성품은 소리가 멸했든지 멸하지 않았든지 항상 있었던 겁니다. 그렇죠. 불생불멸하고 항상하죠. 또 소리라는 게 건물 바깥에서 누가 부르면 소리가 건물을 통과해서 우리가 듣잖아요. 이 듣는 성품은 바깥까지 원만하게 통한다는 겁니다. 이렇게 원만한 것, 통하는 것, 항상한 것 이런 세 가지 성품의 진실을 지금 우리가 소리를 통해서 이치적으로 아는 겁니다.

깨달음이라는 게 우리의 성질이 그와 같은 것이니까, 그와 같은 것을 이해하고 수행하면 이제 성불한다는 겁니다.

그걸 '반문문자성反聞聞自性'이라고 합니다. 소리를 따라가지 말고 소리를 듣는 놈의 성질이 어떤 것인지, 그것을 공부해 보면 금방 탁 깨칠 수가 있죠.

이제 이 이야기를 들었으니, 가끔 사유해보세요. 그게 참 구參究죠. 사유를 해보시면 이게 가장 쉬운 방법이라고 부처 님께서 설명하셨습니다. 부처님께서 말세 중생이 도 깨치는 방법, 복잡한 거 이야기 안 하셨어요. 자비심이 많기 때문에 가장 쉬운 방법을 말씀하신 겁니다. 부처님은 위대한 자비로운 스승님이기 때문에 모든 사람이 도를 깨쳐서 성불할 수 있도록 가장 쉬운 방편을 쓰셨어요. 그런데 사람들이 어렵게 공부를 하려고 해요. 신통방통한 거 좋아하고, 확 날아다니고, 뭐 이런 거 좋아하니까 이 방법을 안 하려고 그러죠. 한순간에 탁 자기 성품을 보는데 그걸 안 하려고 그래요. 가장 쉬운 방법이 반문문자성反聞聞自性입니다.

나무아미타불을 지극하게 염불하는 사람은 오랫동안 염불하면서, 그 소리를 자기가 내면서, 이 소리의 근원, 소리를 듣고 이 소리의 근원을 돌이켜서 봐라, 그러죠. 그게 자성을 봐라, 자기 성품을 보라, 이런 얘기죠. 그걸 견성이라 그럽니다.

화두 공안을 오랫동안 참구하면 다른 잡념이 다 사라지고 오직 일념으로 화두를 들게 돼요. 그런 과정에 어떤 계기가 돼서 탁, 하면 바로 반문문자성反聞聞自性, 자기 성품을 볼 수 있어요. 그래서 화두 공부하라 그러죠. 이해가 가시죠? 이렇게 공부하시면 쉽습니다. 이근원통耳根圓通 수행이 그런 겁니다. 우리의 본래 성질이 그렇습니다. 우리의 본래 성질이 죽는 일이 없고 불생불멸하고 영원히 걸림 없고 원만구족한 겁니다. 그렇게 공부하시면 됩니다.

25

이근원통 수행

세속적으로 성공하기를 바라고 여기 와서 저한테 질문하면 제가 마음이 약해집니다. 거기에 대해서는 제가 자신이 없거든요. 육도윤회六道輪廻의 세계, 삼독심三毒心이 있는 욕계, 색계, 무색계, 이 삼계의 세계, 이런 세계에서는 단 한 존재도 성공한 존재는 없습니다. 우주의 33천三十三天에 존재하는 수많은 세계에서 인간계는 5층五層입니다. 다섯 번째죠. 인간 이상의 세계에서는 수명장수도 많고, 병 없고, 아름답고 행복하게 사는 존재들이 많습니다. 부처님께서는 그런 모든 존재를 다 살펴봐도 영원히 복락을 누리는 존재는 단 하나도 없다고 하셨습니다. 부처님께서 그걸 아신 겁니다. 그럼 어떻게 해야 하느냐? 그걸 가르쳐 주신 분이 바로 부처님이시죠.

부처님 말씀 중에 사람들의 근기에 맞고 가장 수승한 방편의 가르침이 바로 이근원통耳根圓通입니다. 그건 부처님께서 『능엄경』을 설하시면서 말씀하셨어요. 말세에는 많은 사람들이 헤아리는 것을 좋아하고, 잣대를 세우고, 머리 쓰는 것을 좋아합니다. 이런 사람들을 위해서 보편적으로 가장 공부하기 쉽고, 깨달음의 도를 이루기 좋은 방법이 바로 이근원통입니다. 부처님 제자 중에 헤아리기를 좋아하는 대표적인 분이 다문제일多聞第一 아난존자입니다. 부처님 말씀을 잘 듣고, 잘 기억했다가 그걸 풀어서 팔만사천 법문이 남은 것이죠. 부처님께서는 말세 중생을 위해서 아난존자에게 "이근원통 수행해야 한다."고 말씀하셨습니다.

이근원통에서 '이耳'는 귀입니다. 부처님의 상호 중에 귀를 보면 귀가 큽니다. 대부분의 부처님 귀가 그렇습니다. 부처님의 상호는 모두 의미가 깊은데, 귀도 그렇습니다. 내밀한 뜻이 있습니다. 예사로 보면 안 됩니다. 이 세상에서 수행하고 도를 닦아서 깨달음을 얻는 가장 좋은 방법이 바로 '귀'에 있다는 뜻입니다. "잘 들어라."는 것이죠. 육근六根 중에서 귀가 가장 수승한 방편입니다. 우리나라의 많은 고찰을 보면 원통전圓通殿, 관음전觀音殿이 있는데, 원통전이 관음전이고, 관음전이 원통전이죠. 바로 관세음보살을 모시는 곳입니다. 이 '원통圓通'이라는 말이 바로 "귀를 사용해서 도를 깨쳐라."는 얘기입니다.

원만구족하고, 걸림 없이 통하고, 상주불멸한다

왜 '이근원통', 소리를 깨치는 게 가장 수승한 방편이 되느냐? 예를 들어 봅시다. 신도님이 뒤에서 저를 "스님~"이라고 부르면, 저는 고개를 돌려서 봅니다. 뒤는 볼 수 없으니, 반드시 고개를 돌려야 합니다. 눈은 봐야 활동할 수 있습니다. 사방팔방을 볼 수 있다면 원만하지만, 눈은 그렇지 못하죠. 원만하지 못합니다. 우리 몸에서 안이비설신의眼耳鼻舌身意, 여섯 가지 근根 가운데 원만한 것이 세 가지가 있습니다. 뭐가 있을까요? 우선 설근舌根이 있습니다. 제가 지금 하는 말, 이 말은 원만하게 할 수 있습니다. 좋은 말도 할 수 있고, 나쁜 말도 할 수 있고, 부처님이 아니더라도 부처님 가르침을 원만하게 말할 수도 있어요. 이 입 갖고 오만 가지 말을 다 할 수 있습니다. 원만하게 통합니다. 또 우리가 마음의 뜻을 세우면 좋은 뜻, 나쁜 뜻, 부처님과 같은 포부도 가질 수 있습니다. 오만 가지 뜻을 다 세울 수 있죠. 이게 의근意根입니다. 그리고 맨 처음 말씀드린 이근耳根이 있습니다.

이 세 개의 원만한 것 중에서 중생에게는 이근耳根이 가장 좋고 수승합니다. 귀는 소리를 들을 수 있는 하나의 도구입니다. 내 몸속에 있는 능력을 발휘하기 위해서 사용할 수 있는 도구이며, 사방팔방의 어떤 소리든지 다 듣습니다. 귀를 통해서 듣는 것이 가장 원만하다는 것이고, 그만큼 원만하다는 것이 중요합니다.

두 번째로 이근원통에는 '항상하다.'는 것이 있습니다. 이게 중요합니다. 옆에서 종을 쳐보면, 들리죠. 그런데 소리가 끝나고 들리지 않으면, 듣는 귀는 있는데 안 들리니까 듣는 능력은 어디로 사라져 버렸어요. 소리를 들을 때는 분명히 듣는 놈이 있어서 들은 겁니다. 듣기 때문에 뭔가 자각하는 능력이 있어서 소리가 나에게 들린 거예요. 그런데 소리가 다 사라지고 나면 그 들을 수 있는 능력, 자각 능력이 사라지고 가버립니다. 그런데 또다시 종을 치면 다시 들립니다. 그 듣는 능력이 어디 멀리 갔다가 갑자기 와서 들었을까요? 소리가 들렸다가 안 들렸다 하는데, 들린 것도 알고 안 들린 것도 아는 놈은 어디로 가지 않았죠. 항상 주^住합니다.

우리 몸 사대오온^{四大五蘊}을 놓고 봐도 어디든지 단 한번도 떠난 적이 없이 주^住한 놈이 있어요. 상주불변^{常住不變}입니다. 내가 나를 동일시했던 어떤 부분에서 전혀 동일시할 수 없고, 어떤 것도 개입할 수 없는, 항상하는 어떤 성품이 있다는 겁니다. 항상하는 어떤 성품, 성질이 있다, 이게 지금 자각이 돼야 해요. 상주불변하고 불생불멸^{不生不滅}하는 것이죠. 소리는 있기도 하고 없기도 하고, 오기도 하고 가기도 하는데, 이건 오지도 않고 가지도 않고, 없어지지도 않고 사라지지도 않으면서도 상주불변하는 성질이 자기한테 있는 겁니다. 그런 성질이 자기한테 있다는 것이죠. 지금 이해가 됩니까? 이게 이해가 돼야 해요.

우리의 몸은 그 성질이 태어났다가 늙었다가 병들었다가 죽는 것입니다. 오기도 하고 가기도 하고, 있기도 하고 사라지기도 하는 것이 이 사대오온四大五蘊으로 된 몸입니다. 그런 가운데 상주불변하는 성질이 있다는 인식이 지금 있어야 합니다. 이게 이해가 가야 합니다. 그래야 부처님 가르침의 가장 근원적인 이해가 자리가 잡히는 겁니다. 이런 부분이 이해가 지금 조금이라도 와야 합니다. 태어나서 늙어서 병들어 죽는 것은 오기도 하고 가기도 하는 겁니다.

그런데 소리를 통해서 자기 근원에 들어가서 가만히 살펴보면 전혀 조금도 반응을 안 해요. 조금도 움직이지도 않고, 어떤 일이 벌어져도 상주불변常住不變하고 항상한 것이 딱 있습니다. 이걸 지금 소리를 통해서 알 수 있는 거예요. 소리가 있다 없다, 갔다 왔다, 하는데 그걸 듣는 자의 성품은 어디 갔다 와서 듣는 것이 아니라, 조금도 흔들림 없는 어떤 성질이 자기한테 있는 겁니다. 사대오온으로 된 자기 몸에 그런 '오고 감이 없는 것'이 있다는 겁니다.

오고 감이 없는 것

오고 감이 없다. 이 말이 좀 이해가 되나요? 나는 오고 감이 없다, 나는 죽고 사는 존재가 아니다, 나는 불생불멸하는 존재다, 상주불변하는 존재다. 이걸 지금은 일단 그냥 이해만 하세요. 깨닫고 안 깨닫고 문제가 아닙니다. 이게 올바른 견해를 가지는 겁니다. 견성하기 전에 이런 마음이 자리 잡혀야 한다는 겁니다. 그건 뭐냐면 우리의 본래 성질이 그렇다는 거예요. 우리의 본래 성질뿐만 아니라, 모든 존재가, 우주 전체가, 진리라는 것이, 그러한 성질을 갖고 있다는 겁니다.

이런 자각성이 자기 마음속에 자리 잡히면, 새로운 의식이 자기 내면에 자리 잡게 됩니다. 팔만사천 부처님 가르침의 요지를 서서히 이해할 수 있게 됩니다. 안 그러면 뭔 말 하는지 잘 모르죠. 이 말이 저 말 같고, 저 말이 이 말 같습니다. 어른 스님들이 그토록 불생불멸이라고 말하는 것에 대한 의미가 그런 겁니다. '무명無明 속에 있는 놈이 미혹에서 벗어난다.'는 것도 그렇죠. 이때까지 나는 맨날 괴롭고, 고통받고, 죽을 놈이라고 하는 생각만 갖고 있었습니다. 그게 중생의 무명이죠. 그런 무명의 생각이 한순간에 불생불멸, 부증불감으로 바뀝니다.

세 번째는 '통한다.'는 것입니다. 소리를 통해서 나는 어떤 신통한 작용을 하느냐? 귀를 통해서 나는 어떤 신통한 작용을 하느냐? 한번 보세요. 문을 다 잠가놓고 바깥에서 누가 부르면 통하는 데가 하나도 없는데 안에서는 듣죠. 몸은 문을 열고 나가야 하는데, 듣는 성품은 바깥에서 부르는 그 소리를 내가 신통한 능력이 있어 그냥 귀로 딱 듣는 겁니다. 완전하게 통하죠. 신기하게 통하는 겁니다. 걸림 없이 통하는 듣는 성품, 원만하게 통하는 성질, 나의 본래 성질이 그렇게 원만하게 통하는 놈이 거든요. 본래 우리가 완전하게 통하는 존재인데 사대오온四大五蘊의 몸통 안에 붙잡혀서 통하지 않는 존재라고 여기는 겁니다.

지금까지 말씀드린 세 가지, 원만하다, 항상하다, 통한다, 이런 성질을 귀를 통해서, 소리를 통해서 알 수가 있습니다. 이런 의식이 자기 마음속에 자리 잡히면 자기 본성이 깨어나기 시작합니다. 내가 갖고 있던 의식이, 미혹된 의식이 파괴되고, 새로운 차원의 의식이 자리를 잡게 됩니다. 새로운 차원의 의식은 어떤 의식이냐? 진리를 향하는, 진리와 본성과 결합하려는, 그런 의식이 자리를 잡는 겁니다. 그 의식이 바로 어떤 의식이냐? 붓다 의식, 깨달음의 의식, 각성 의식이라고 합니다.

그런 의미에서 이근원통耳根圓通 수행을 하라는 겁니다. 소리에 대한 올바른 이해를 가져라, 그런 소리에 대한 올바른 이해를 가지려면 어떻게 수행해야 할까? 부처님 가르침을 정확하게 배워야겠죠. 삼보에 귀의하고, 사성제, 육바라밀, 삼법인, 칠각지, 팔정도 이런 기초적인 가르침을 차례대로 수행하면 반드시 성불합니다.

26

열반에 드시면
어디로 가시나요?

열반이라는 개념은 세 가지 측면에서 볼 수 있습니다. 이 몸의 숨이 딱 떨어지면 죽었다, 열반했다고 합니다. 또 이 몸을 갖고 있으면서 깨달으면 열반이라 그러죠. 그런데 실제 열반이라는 말은 "이 몸과 마음이 이름과 형상의 집착에서 벗어났다."는 겁니다. 흔히 열반이라고 하면 번뇌의 불이 꺼졌다고 합니다. 그런데 꺼졌다는 말도 잘 안 맞아요. 잘 들어 보세요.

우리가 생각하고 사유하고 판단하는 것이 이 사대오온四大五蘊의 몸뚱이 안에서 이루어진다고 생각하거든요. 내 속에서 뭔가 판단하고 분별해서 이루어지고 있다고 생각하잖아요. 어떤 사람은 우리 의식이 가슴에 있다고 생각할 수도 있고, 또 머릿속에 있다고 말하기도 합니다. 그게 의학적으로 맞을 수도 있지만, 의식의 차원이 높아지면 그 개념이 바꿉니다. 쉽게 하나 예를 들어보면 꿈속에서 꿈을 꿀 때 몸은 그대로 가만히 있죠. 그런데 우리 의식은 사방팔방을 다 돌아다니다가 꿈 깰 때 쏙 들어옵니다. 그래서 꿈과 같은 몸, 환幻의 몸이 있다 그러죠. 또 호흡을 관하는 수행을 할 때, 숨이 들어올 때 숨이 들어오는 것을 보고, 또 숨이 들어와서 멈췄다가 나가는 것을 보면, 의식이 몸 안에도 있고 몸 밖에도 있을 때가 있어요. 우리의 마음이라고 하는 것은 안에도 있고 밖에도 있습니다.

열반을 묻는 제자가 죽비 맞은 까닭

많은 사람들이 사대오온이라는 이 몸뚱이에 대한 집착에 딱 잡혀 있어요. 이 뒤바뀐 생각에서 벗어나지 못하기 때문에 사대오온이 '나'라고 하는 생각에 붙잡혀 있는 겁니다. 나의 생각, 나의 말은 이 몸에서만 이루어지고 있다고 생각하는 겁니다. 그렇지 않아요. 온 천지가 내 생각입니다. 열반하면 떠난다, 어디로 간다, 이런 얘기 했잖아요. 그런데 그게 오고 가는 것이 없어요. 바닷물은 아무 데나 마셔도 똑같은 맛이고, 허공은 주소가 없습니다. 참된 성품의 자리가 어딘지를 딱 깨달으면 이 몸뚱이가 본래 없다는 것을 알게 됩니다. 이 몸뚱이가 자기가 아닌 줄 알게 되죠. 전체가 불이^{不二}입니다. 그래서 큰스님이 열반하시면 "스님, 어디로 가시겠습니까?"라는 말은 안 맞는 거예요.

이런 이야기가 있습니다. 어느 날 큰스님이 열반하시려고, "나 이제 갈란다." 이러니까, 제자가 "스님, 어디로 가십니까?" 이렇게 물었죠. 그랬더니 큰스님이 "니 이리 온나." 하고 죽비로 딱 때립니다. 큰스님이 "또 한 번 더 물어봐라." 그러니까 제자가 "큰스님, 열반하시면 어디로 가십니까?"하고 물으니, 큰스님이 또 "이리 온나."하고 죽비로 딱 때립니다. 그리곤 "또 물어봐라." 그러니까, 제자가 "안 물어 볼랍니다. 물어보면 또 때리려고요." 합니다.

이런 겁니다. 어디로 간다, 안 간다는 말이, 질문 자체가 안 맞는 말입니다. 몸을 벗어버리니까 그것을 열반이다, 또 몸을 벗어버리고 어디로 떠나는구나, 이렇게 생각하죠. 그런데 열반은 떠난다는 개념 자체가 완벽하게 사라집니다. 애초부터 '몸'이라는 것은 없어요. 이 개아^{個我}의 몸뚱이라고 하는 것이 원래 없는 겁니다.

지금 무지 무명 속에 완벽하게 사로잡혀서 사는 겁니다. 천지개벽이 일어나야 합니다. 우리의 잘못된 사고가 완벽하게 바뀌어야 되는데, 이 세상에 사는 모든 사람의 사고는 무지 무명의 사고입니다. 언어 자체가 무지 무명의 언어입니다. 죽는다 산다, 이게 바로 무지 무명의 언어죠. 어디로 간다 안 간다, 이것도 무지 무명의 언어입니다. 이런 세속적인 언어의 개념에 사로잡혀서 그것을 못 벗어나는 겁니다.

진리의 입장에서 보면 이 세상의 언어와 언어 개념 자체가 완벽히 달라집니다. 죽는다는 개념 자체가 진리의 입장에서 보면 사라집니다. 이 생멸의 세계는 진여의 세계에서 볼 때 언어 개념 자체가 다릅니다. 진리의 시각으로 니르바나(涅槃, nirvāna)는 그냥 탁 트인 허공과 같아서 완전함의 존재입니다. 완전함의 존재라는 것은 자유를 얻는 것이죠. 예컨대 물방울이 바다에 툭 떨어졌어요. 그러면 그 물방울이 어디로 가겠습니까? 물방울이 바다에 떨어지면 그 물방울은 바다 전체와 하나가 됩니다. 그 물방울은 태평양에 가도 그 물방울이고, 대서양에 있어도 그 물방울이죠. 전체이면서 하나이고, 하나이면서 전체가 되는 겁니다.

이름과 상과 분별에 걸린 나

무지 무명의 마음이라면 이게 이해가 잘 안 됩니다. 나는 누구다, 나는 이러이러한 모습을 갖고 있는 존재다, 나는 여자다 등등 이름과 상과 분별에 붙잡혀서 그래요. 그게 세속의 마음이고 무지 무명의 마음이거든요. 이 세속의 틀에서 벗어날 수 없기 때문에 그 바깥의 세계를 이해하지 못하는 겁니다. 생멸生滅에 붙잡힌 존재의 법칙인 이름과 상과 분별심, 바로 이것이 세속의 세계를 만들어내는 재료입니다.

　마음이 완벽하게 사라지면 어떻게 될까요? 바로 불이不二의 마음, 일심一心의 마음이 되는 겁니다. 일심, 불이의 마음으로 바뀔 때 그 마음이 바로 바른 지혜의 앎, 바르게 아는 것, 아! 이런 것들은 존재하지 않네, 없는 거네, 꿈과 같네, 허망한 거네, 이름이나 현상이나 망식妄識들, 이런 것들은 존재하지 않는 것이네, 하고 정확하게 인지했을 때, 그때 지혜가 생기는 겁니다. 그 지혜로 둘러보면, 나를 구름이라고 생각하며, 개아 의식으로 잘난 척하고 살았는데, 아! 내가 구름이 아니고 바로 허공이네, 하늘이네, 이렇게 아는 것, 이때 그 앎이 바로 지혜로운 마음입니다. 지금까지는 개아의 마음, 구름이 나다, 그런 마음이었거든요. 이 마음은 '나'라고 여기는 명名과 상相과 분별에 딱 걸려 있어요. 자기 형상을 고집하죠. 그것을 전도몽상이라고 합니다. 이 생각을 빨리 뒤바꿔라, 그렇게 바뀌었을 때 바른 지혜가 생깁니다. 그러기 전에는 다 무지 무명으로 어리석게 보는 겁니다. 생멸의 세계, 고통의 세계에서 못 벗어납니다.

　그래서 빨리 고개를 들고, 비어 있는 마음을 보라는 겁니다. 광대무변하게 비어 있는 마음, 그 마음이 진짜 자기다, 이렇게 물질에 붙잡혀 있는 존재가 아니다, 그걸 빨리 보라는 겁니다. 이렇게 생각을 뒤바꿔서 생각을 고치면 바로 구경열반究竟涅槃입니다. 더 이상 갈 곳이 없는 완전한 자유를 얻는다는 겁니다.

하늘같은 마음이 자기입니다. 우주도 다 포용하는 마음, 광대무변한 그 마음이 자기라는 겁니다. 그 마음을 알았을 때 그것을 열반이라고 합니다. 그럼 어디로 가겠어요? 오고 감이 없는 겁니다. 오고 감이 없는 그 물방울은 바다에서 끝도 없이 대자유의 파도를 친다는 거예요. 물방울이 사라지는 것이 아닙니다. 물방울이 바다에 떨어지면 죽는다고 하지만, 죽는 것이 아니고 전체를 다 얻으면서 완벽하게 대자유의 파도를 칠 수 있다는 겁니다. 그래서 먼저 전체를 알라는 겁니다. 허공과 같은 광대무변의 자기 마음을 살펴봐라, 그게 견성이라는 겁니다. 이 몸, 사대오온을 자기라고 여기지 말고, 진짜 자기가 어떤 존재인가를 정확하게 보라는 겁니다. 자기 성품을 보는 것, 그게 견성見性입니다.

우리가 육근六根을 사용해서 수행하는데, 성품을 보는 데에는 눈(眼)이 좋고, 원만하게 통하는 데는 귀(耳)가 좋습니다. 자기 성품이 광대무변하고 허공과 같은 존재인 걸 알았을 때, 그것을 제대로 증명하고 증득해서 쓰려고 하면 귀를 사용하세요. 그러면 금방 제대로 공부할 수 있습니다. 너무너무 쉽죠. 일주일 만에 할 수 있는데, 아직 세속 일이 많으니까, 지금 조금 미루어 놓는 겁니다. 세속 일 다 해보고, 언젠가 준비가 딱 되면 그때 일주일만 마음먹고 한번 해보세요. 그러면 깨칠 수 있습니다.

27

보리심과
선정 삼매

우리는 부처님 발자취를 따라가지 않으면 깨달을 수가 없습니다. 부처님 발자취를 따라가는 게 뭐냐면, 부처님께서 보여주신 것을 정확하게 보고, 지혜롭게 인지하고, 방편을 쓰는 겁니다. 부처님 당시에 깨달음을 추구했던 수많은 수행자들은 모두 자아의식을 강화하고, 에고를 강화하고, 아집에서 못 벗어나는 수행을 하였습니다. 그들을 대표하는 수행자들이 바로 육사외도六師外道입니다. 부처님께서는 이 육사외도의 스승들을 다 만나보고, 그 밑에서 공부했습니다. 피골이 상접할 정도로 엄청 공부했죠. 당시 아무도 그렇게 고행한 수행자가 없었습니다. 고행으로는 따라갈 사람이 없는 겁니다. 그렇게 공부한 후 내린 결론이, 이렇게 해서는 깨달음 얻을 수 없다는 것이죠. 이렇게 고행해서 되는 건 아니구나, 하고 고행을 그만두셨습니다.

여기서 고행을 그만두신 것을 우리가 정확하게 인지해야 합니다. 지금도 부처님의 고행을 아주 대단하게 여기면서 그걸 따라서 막 날뛰는 이들이 있습니다. 오만 가지 기이한 행동을 다하고 있습니다. 그런데 고행은 아니라고 부처님께서 정확하게 말씀하셨습니다. 니란자 강가에 와서 목욕재계하고 수자타 여인이 주는 우유죽 먹고 몸을 회복하셨죠. 죽을 만큼 고행해서 몸에 힘이 너무 없고, 몸을 어떻게 가눌 수도 없으니까요. 이렇게 몸을 회복하시고 정좌^{正坐}하시죠. 바르게 앉아서 처음으로 자기를 살펴보십니다. 모든 것을 다 내려놓고, 현재의 자기에서부터 과거로 소급해서 쭉 살펴봅니다. 내가 어느 때, 어떤 수행을 했을 때, 어떤 마음을 먹었을 때, 내가 가장 마음이 편안하고 안정되게 선정에 들어갔는가, 그걸 보신 겁니다.

왕자로 있을 때 농경제에 따라가서 거기서 생로병사의 고통과 괴로움을 보았습니다. 모든 존재들이 서로 얽히고 설켜서 다투고 죽이는 모습을 보았죠. 그때 슬프고 애틋한 애민하는 마음, 자비의 마음이 깊이 우러난 겁니다. 이게 굉장히 중요한 장면입니다. 생명을 가진 모든 존재계에 대한 슬픔 마음, 애틋한 마음, 자비의 마음이 일어난 겁니다. 그 마음과 함께 동시에 자기 근원으로 돌아가기 시작했죠. 그때 그 명상과 선정이 이루어진 거예요. 아, 그랬었구나, 그때 내가 괴롭지 않고, 바로 이 명상 속에 들어갈 수 있었구나, 만약 에고를 강화시키고 고난의 수행을 했다면, 마음만 괴로웠지 평화를 못 찾았을 것이다. 이렇게 된 겁니다. 그때 일주일 만에 깨달음을 얻었습니다.

육조혜능 대사도 마찬가지죠. "바람이 흔들리느냐, 깃발이 흔들리느냐?"고 물었을 때 혜능 스님이 "마음이 흔들린다."고 했죠. 그때 스님들이 처음으로 "마음이 흔들린다."는 소리를 듣고 자기 마음을 주시하게 된 겁니다. 모든 깨달은 선승들의 가르침에서 핵심이 뭐냐면, 네 마음 살펴봐라, 다른 데 마음 두거나, 엉뚱한 데 몸을 혹사하거나, 자기 에고를 강화하거나, 자아를 집착해서 드러내려고 한다거나, 그렇게 상相을 이용하지 말고, 네 마음을 살펴봐라, 이렇게 공부해 깨달음을 얻으셨죠.

화두 참구하라고 하는 것도 결국은 번뇌 망상에 끝도 없이 매달려서 헤매니까 그걸 붙잡으려고 화두 참구하라는 겁니다. 공안을 줘서 오로지 그것만 생각하라, 흔들리는 마음, 번뇌 망상에 시달리는 마음, 집착하고 애착하는 마음을 한 군데로 딱 모아서 흔들리지 않도록 하려는 방편인 것입니다.

내 마음이 어떻게 움직이는가?

핵심은 관자재보살, 마음을 살펴보라는 겁니다. 자꾸 바깥에 끌려다니지 말고, 에고 강화시키지 말고, 에고 드러내지 말고, 자기 마음만 살펴봐라, 내 마음이, 내 자아의식이 어떻게 움직이는지, 어떻게 미꾸라지 빠지듯 요리 빠지고 저리 빠지는지 잘 살펴봐라, 그러면 어느 날 그걸 딱 붙잡아서 다스릴 수가 있다, 이런 겁니다. 교묘하게 작용하는 에고의 그 마음을 붙잡아야지만 공부를 제대로 할 수 있거든요. 그래서 문수文殊의 지혜가 필요한 겁니다. 지혜롭게 공부해라, 억지로 하지 말라는 겁니다. 그럼 지혜는 어디서 계발되느냐? 지혜가 어디서 계발돼요? 막상 물어보면 말을 못 하잖아요. 세상 사람들 다 그래요. 정확하게 제대로 인지가 안 심어져서 그래요. 계정혜戒定慧죠. 계로 인해서 선정이 생기고 선정으로 인해서 지혜가 발현되잖아요. 계의 바탕이 있어야 문수의 지혜가 계발되는 겁니다. 계가 그렇게 소중하다는 겁니다.

대승보살에 와서는 큰 믿음이 있으면 계가 성립되는 겁니다. 부처님에 대한 대신심大信心이 있으면 계가 자동으로 따라오게 돼 있어요. 부처님의 위대함을 흠모하고 예경하고 존경하는 마음을 가진다면, 나도 부처님 닮아가는 일을 해야 되겠다는 마음이 싹트기 때문에 계가 성립이 됩니다. 그래서 대신심이 있으면 육바라밀六波羅蜜로 바로 들어가는 겁니다. 육바라밀의 처음이 보시인데 이것은 바로 계가 성립되는 겁니다. 보시는 남도 이롭고, 나도 이롭고, 모든 것을 수용하거든요. 이런 베푸는 마음속에 계가 당연히 들어가죠. 오계의 첫 번째가 "살생하지 말라."인데, 내가 보시바라밀을 하면 남을 이롭게 하고, 베푸는 마음을 가지고 있으면 살생할 수가 없잖아요. 육바라밀 중에 마지막이 지혜인데, 이 지혜가 어떻게 성립되느냐? 바로 보시바라밀로부터 지혜가 성립되는 겁니다. 부처님 가르침이 바로 그런 겁니다.

계정혜에서 가장 소중한 것이 계입니다. 계는 부처님에 대한 믿음이 확고하면 자동으로 굴러갈 수밖에 없죠. 나쁜 짓 못하게 되는 겁니다. 그런 마음 갖고 공부하세요. 내가 하는 공부가 바르게 가는지 안 가는지 자꾸 확인해야 합니다.

공부하다 보면 신통방통한 일이 나타나고, 호법 신장들이 따라붙어서 나를 늘 보호하고, 내가 밥 먹고 싶으면 어디에서 음식을 갖다 줍니다. 진짜 이런 일이 벌어집니다. 그러면 그것이 과연 옳은 것인지, 내가 옳게 가는 것인지 확인해야 되잖아요. 안 그러면 마魔에 이끌려서 엉뚱한 길로 가버립니다. 이것을 확인하기 위해서 항상 경전을 곁에 두는 겁니다. 경전은 내 공부의 확인 작업을 위해서 필요한 겁니다.

자기의 공부가 정확하고 바르게 가는지 늘 확인하기 위해서 경전을 항상 간직하고 보시길 바랍니다.

28

붓다 의식으로
내면을 결정화하라

옛날부터 어른 스님들이 늘 말씀하시죠. "깨달음은 어렵지 않다. 견성하는 것은 어렵지 않다. 그런데 받아 지니기가 어렵다." 왜 그러냐면 자꾸 세상의 업보가 자기를 방해해서 그렇습니다. 공부 좀 할 만하면 엉뚱한 일이 생기고, 자꾸 문제 거리가 생깁니다. 그래서 하루에 두세 번이라도 꼭 정해진 시간에 자각력을 갖추라는 겁니다.

그러면 그 힘이 커지기 때문에 놓으려고 해도 놓을 수가 없게 되는 겁니다. 한번 자각력이 딱 자리 잡히면, 아무리 놓고 싶어도 불가능해요. 놓는 게 불가능하죠. 이제 자각력이 자리 잡는 게 불가능이 아니고 반대로 되는 거예요. 그리 뒤바뀌셔야 해요. 놓는 게 불가능해집니다. 부처님의 참된 성품, 근본 성품은 영원히 불생불멸不生不滅하고 불구부정不垢不淨하고 부증불감不增不減하는 진리의 본당체라, 놓으려고 해도 놓을 수가 없게 되는 겁니다. 그렇게 될 때까지 꾸준히 하셔야 합니다.

꾸준히 안 하시면 안 돼요. 꾸준히 안 하면 또 놓쳐버려요. 보석도 그렇잖아요. 수정이나 다이아몬드나 사파이어나 이런 보석들이 땅속에서 결정화結晶化가 되잖아요. 인공 다이아몬드를 만들 때도 그렇죠. 제일 처음에 씨앗을 심어요. 그 씨앗에 다이아몬드 결정체가 자꾸 붙어서 결정화를 만드는 겁니다. 한 번 결정화가 돼서 붙기 시작하면 계속 붙습니다.

우리 의식도 마찬가지입니다. 모든 존재가 다 의식입니다. 무정물도 의식이 있습니다. 암흑의 의식이죠. 이런 의식들이 유정물, 인간으로 의식이 높아지는 겁니다. 우리 의식도 붓다 의식으로서 한번 자리가 잡히면 결정화가 되는 겁니다. 의식의 결정화입니다. 그게 한 번 힘을 받기 시작하면 절대 안 놓치게 됩니다. 내가 일념으로 그런 간절한 신심을 가지고 마음을 먹었기 때문에 내면에서 의식이 결정화되는 겁니다. 붓다 의식이 결정화되는 겁니다.

그래서 한 번 힘을 딱 받기 시작하면 그때는 잊어버릴 수가 없죠. 그래서 견성見性이라고 그러는 겁니다. 견성, 성품에 대한 인지因地가 잘 잡히면, 그 인因이 끊임없이 불러들입니다. 「법성게」에서 '귀가수분득자량歸家隨分得資糧'이라고 그러죠. 부처의 본고향으로 돌아가는데 계속 깨달음의 자량資

194

糧을 얻는 겁니다. 버리려고 해도 버릴 수가 없습니다. 그만하고 싶다고 해도 그만둘 수가 없습니다.

제가 늘 이야기했지만, 오계五戒는 기본적인 계입니다. 그런데 오계보다 더 중요한 게 있습니다. 너무너무 중요합니다. 바로 삼귀의계입니다. 이 계를 받아야 불자가 됩니다. 제가 한번 읊어보겠습니다. 저는 삼귀의계를 읊을 때마다 마음속에 엄숙한 마음이 들고, 간절한 마음이 들고, 너무 감사한 마음이 들죠. 우리는 아침에 예불할 때 제일 먼저 지극하게 합니다.

"거룩하고 위대하신 부처님께 귀의합니다.
거룩하고 위대하신 부처님의 가르침에 귀의합니다.
거룩하고 위대하신 부처님 가르침을 전하는 선지식
스승님과 승가에 귀의합니다."

이 세 가지 계가 너무너무 중요합니다. 이 계만 받아 지니면 늦더라도 반드시 성불하죠. 그리고 악도는 안 갑니다. 이걸 평생 받아 지녀 마음속에 새기셔야 합니다.

그리고 네 번째로 해야 할 아주 중요한 것이 있습니다.

"거룩하고 위대하신 부처님 가르침 따라 세세생생 대자비로 중생을 이익되게 하겠습니다."

195

이런 네 가지 마음을 늘 마음속에 생각하시면 어떤 일이 있더라도 삼악도를 면합니다. 틀림없는 말이죠. 그러고 나서 공부하시면 좀 늦고 빠르고 차이가 날 뿐, 대부분 잘 갈 수 있습니다. 그다음에 우리가 또 배워야 할 게 오계죠.

"살생하지 마라.
도둑질하지 마라.
음행하지 마라.
거짓말하지 마라.
술 먹지 마라."

이 세상 살아가는데 우리를 행복하게 해주는 조건이죠. 이 다섯 가지를 지켜나간다면 종교를 떠나서 나의 삶이 윤택해지고 건강해지고 마장은 없어지고 장애가 없고 결국은 행복해지는 길로 갑니다. 그래서 계는 불자만 지켜야 할 것이 아니고, 모든 분이 이 계를 지키려고 노력하고 나아가면 장애는 없어지고 행복해집니다. 조건이 반드시 그렇게 돼 있습니다.

이 계는 지키기가 쉽지 않죠. 지키기 어려우니까 자율적인 계입니다. 불교에서는 계를 주지만, 절대로 강요는 안 합니다. 계는 잘 주잖아요. 절에서 엄청 많이 줍니다. 지키든지 말든지 아무 말도 안 합니다. 보살계를 서른 번 받는 분도 있어요. 그래도 계는 받는 게 중요합니다.

받고 나서는 자기가 자율적으로 사유해보는 겁니다. 이 걸 지키니까 좋은 것 같아, 이걸 지키면 나도 편할 것 같아, 이런 생각들이 새록새록 자리를 잡으면서 부처님 공부를 해나가면 계는 참 지키는 게 좋겠다, 반드시 지켜야 하겠다, 이런 마음들이 싹트기 시작해서 그걸 유지하게 됩니다. 다 지키기는 어렵지만 스스로 조금씩이라도 지켜나간다면, 그 만큼 삶이 윤택해지고 행복해지고 마장은 적어지고 병도 적어지고 또 사업이나 일하는 데 장애 요소가 적어지게 돼 있습니다. 그렇게 해나가시면 됩니다. 계가 그렇게 중요합 니다.

우리가 길을 가다 보면 개미를 밟을 때가 있잖아요. 그런 데 의식이 깨어 있고, 내가 살생하지 않겠다는 의식이 자리 잡히면 이상하게도 덜 밟아요. 반드시 덜 밟게 됩니다. 무의 식적으로 피해갈 수 있어요. 그런데 내 마음속에 원망하는 마음, 미워하는 마음, 원한의 마음, 죽이고 싶은 마음, 분노 의 마음, 이런 것들이 마음속에 자리 잡고 있었을 때는, 겉 으로는 내가 살생하지 말아야지 해도, 꼭 가서 발로 밟아 버 립니다.

고통에서 벗어남과 동시에 고통을 받음

그게 마음속 깊은 곳에 과거 생의 어떤 것들이, 감정적인 요소들이 업보로 자리 잡고 있기 때문에 본의 아니게 일이 벌어지는 겁니다. 이렇게 마음속에서 희한한 일이 벌어져요. 마음속에 살생하고 싶은 마음이 없는데 어쩌다가 밟아 죽였잖아요. 그러면 그때 내가 좋은 진언을 하면 죽은 그 벌레들이 해탈합니다. 이게 중요한 겁니다. 너무너무 중요하죠. 그렇게 마음속에 살생하고자 하는 마음은 절대 갖지 말고, 만약에 살생하는 일이 벌어졌을 때는 간절하게 좋은 곳에 태어나도록 마음으로 염해야 합니다. 그게 안 통할 것 같아도 통합니다. 왜냐면 존재는 하나이기 때문에 그렇습니다. 이 손가락에 작은 가시 하나 들어가면 온몸이 다 아파하잖아요. 진짜로 통합니다. 생명 하나가 죽으면 우주 존재가 슬퍼하는 겁니다.

우리도 이런 것을 느낄 때가 있습니다. 자식이 어디 타향에 가서 공부하는데 갑자기 아파요. 밤새도록 아파서 끙끙 앓는데, 멀리서 자식이 아픈 줄 모르는 부모는 밤새 잠을 못 자고 뒤척거리는 겁니다. 통하기 때문에 그렇죠. 가까운 데 있는 사람들이 더 잘 통하죠. 전 존재가 나와 둘이 아니고 하나라는 의식이 잡혀가면 갈수록 더 통하게 됩니다.

이해가 잘 안 가겠지만 곧 갈 거예요. 진리의 측면에서 완전한 비어 있음이 되는 겁니다. 허공이 다 무너져버립니다. 허공이 무너지는 동시에 다시 건립됩니다. 그럼 왜 그럴까요. 수많은 생명을 가진 모든 존재가 업보의 힘에 의해서 무너짐과 동시에 건립하는 마음을 갖고 건립해버리니까요. 찰나에 멸하고 찰나에 건립되는데, 이건 우리가 눈치 못 채죠. 깨달은 분은 눈치채죠. 그렇기 때문에 깨달은 분이 고통과 괴로움에서 벗어남과 동시에 세상의 고통과 괴로움을 한 몸에 받는 겁니다. 부모와 자식은 사랑으로 연결돼 있잖아요. 자식이 밤새 아프면 부모도 밤새도록 아픈 것과 마찬가지입니다. 자식보다 더 마음이 아프죠. 그런 원리입니다.

그래서 깨달음을 얻은 분들이나 불보살님들은 세상을 저버리지 못합니다. 마지막 한 중생까지 다 제도하고 나서야 내가 성불하겠다, 이런 원력이 자동으로 나오게 되는 겁니다. 원리가 그렇습니다. 그래서 부처님 가르침과 자비 사상이 고귀하고 숭고합니다. 대자대비에서 '대大'라는 말은 통째라는 말입니다. 전체를 말하는 겁니다. 이제 그렇게 수행하시면 진리를 쉽게 이해할 수가 있습니다.

29

평등성의 지혜

시방十方의 소리를 동시에 들어야 합니다. 이 말은 거짓된 자아의식을 내려 놓으라는 말입니다. 자아의식이라고 하는 것이 칠식七識인데 말라식末那識입니다. 자기 주장식이죠. '이 것은 나다.'라고 주장하는 마음이 칠식입니다. 그게 자아의 식입니다. '나'라고 주장하는 주장식입니다. 자기를 주장하는 식이 칠식인데 이 칠식, 주장식이 육식六識과 결탁하면 윤회 속에 헤매는 중생이 됩니다. 이것을 한 생각 돌이켜서 아! 이 나라고 하는 것은 거짓된 나구나, 이게 거짓된 나구나, 하고 알면 아치我癡·아견我見·아만我慢·아애我愛를 내려놓을 수 있습니다. 고개가 숙여집니다. 모든 존재가 평등한 존재 구나, 하는 것을 인식하는 차원입니다. 자기 자의식을 내려 놓을 때 전체의식이 작동하는 겁니다.

바다에 파도가 일어 물방울로 분리되었을 때를 보면, 물방울이 일단 바다에서 분리되면 그 물방울은 전체의식이 작동되지 못합니다. 따로 개아個我가 작동하는 겁니다. 지금 모든 중생이라고 하는 것은 이 개아의식이 작동하는 겁니다. 그래서 각자 고통과 괴로움을 스스로 받는 겁니다. 그게 주장식입니다. 이 칠식이라고 하는 주장식이 작동하면 영원히 고통과 괴로움의 윤회 속에서 못 벗어납니다. 맨날 탐진치, 오욕락에 놀아나게 됩니다. 그런데 이 개아 의식이라고 하는 게 전체의식이 아니고, 거짓된 자의식이 움직이는구나, 하고 자기가 자기 자신을 바라보고 알았을 때 이 칠식이 깨달음 쪽으로 향합니다. 방향 전환을 하는 겁니다. 이 자기 자아의식을 발견하기 전에는 칠식이 깨달음 쪽으로 향하는 게 아니라, 끝도 없이 윤회 속에서 헤매게 됩니다. 영원히 그 고통에서 벗어날 길이 없습니다.

금으로 된 섬에서 모든 것은 금이다

이 자아의식은 탐진치, 오욕락으로 떨어지기 쉽습니다. 탐진치, 오욕락에 놀아나기 너무나 쉽습니다. 너무나 쉽게 자기한테 딱 접착이 돼서 습관을 들이기가 쉬워요. 탐진치, 오욕락으로 한번 떨어지면 급속히 떨어집니다. 반면에 위로 올라가기는 쉽지 않습니다. 그런데 칠식이 깨달음 쪽으로 어느 단계부터 딱 작동되면 그때부터 이 칠식이 진리 쪽으로 반드시 향하게 됩니다. 그렇게 향하다가 불퇴전의 지위까지 올라가면 절대 안 떨어집니다. 그렇게 되기까지가 어려워요.

그때까지 가장 중요하게 고쳐야 할 부분이 뭐냐? 아치我癡·아견我見·아만我慢·아애我愛입니다. 이게 우리를 영원히 망치게 하는 겁니다. 자기 주장식을 내세우는 거예요. 나 잘났다고 하는 게 문제입니다. 왜냐하면 전체의식은 자기가 잘났다고 고개를 세울 필요가 없다는 것을 아는 의식입니다. 그게 평등성입니다. 이 평등한 것에 대한 지혜가 자리를 잡았을 때 이제 깨달음 공부를 제대로 하는 겁니다.

여기가 시작입니다. 깨달음으로 향하는 가장 기본이 평등성입니다. 금으로 된 섬에서는 어떤 모양을 갖고 있든, 그 섬은 싹 다 금으로 되어 있으니까 모두 평등합니다. 어떤 모양을 갖고 있던지 다 평등한 겁니다. 다 금으로 되어 있어서 식물이든, 나무든, 어떤 것이든 내가 잘났다고 주장할 수가 없는 겁니다. 다 잘 났으니까요. 진리가 그와 같다는 겁니다. 우주 법계 전체가 다 하나의 의식에서부터 출발한 것이고, 그 하나라고 하는 것은 모두 다 위대한 존재고, 위대한 붓다입니다.

어느 날 물방울 같은 의식이 툭 떨어지면서, 자아의식이 싹트고, 개아의식이 작동하면서, 전체의식과 분리가 되는 바람에 평등성이라는 그 존재가 다 사라지고, 수많은 구분과 분별 망상이 생겨서 세상을 어지럽게 하는 윤회의 세계가 되어버린 겁니다. 그러니까 금으로만 된 섬에는 돌도 위대하고 나무도 위대하고 풀도 위대하고 물도 위대하고 다 위대한 존재인데, 그런 위대한 존재임을 그 섬에 있는 모든 생명 전체가 다 자각한다면, 서로 자기 잘났다는 주장을 세울 것이 하나도 없고, 멋지게 살 수 있습니다.

아무 문제가 없다

우리 자아의식이 그와 같은 깨달음, 개아의식에서 전체의식으로 바뀌어서 모두 금이라는 걸 확실히 안다면, 그때부터 아치我癡·아견我見·아만我慢·아애我愛 라는 것이 사라지면서 칠식七識이 전체의식으로, 깨달음 쪽으로, 본래 성품 쪽으로, 금 쪽으로, 가장 위대한 존재 쪽으로 방향을 전환하는 겁니다. 그걸 알아차리는 것이지, 변하라는 게 아닙니다. 금으로 된 섬에서 돌을 보고 금덩어리로 만들어라, 이런 말이 아닙니다. 있는 그대로 모두 바로 현존의 부처님으로 역할을 한다는 겁니다. 변화시켜야 할 것이 아니고 이미 본래부터 금인 것입니다. 본래부터 완전한 존재인데도 불구하고 스스로 자아의식 때문에 나는 낮고 너는 높다, 이렇게 구분하는 겁니다. 돌은 돌대로 금이고 나무는 나무대로 금입니다. 문제가 하나도 없습니다.

이런 자아의식이 스스로 자각력을 갖췄을 때, 평등성의 지혜로, 이 사바 세계, 육도윤회의 세계가 한순간에 불국정토의 세계로 바뀌는 겁니다. 그래서 모든 인간의 의식이 이렇게 깨달음을 얻어나가면 고통과 괴로움과 죽음이라는 게 다 사라지게 됩니다. 그런데 그게 잘 안 됩니다. 탐진치가 눈앞을 딱 가리고 있기 때문입니다. 지금 당장에 내가 하고 싶은 것, 자아의식이 하고 싶은 대로 따라가는 겁니다.

「대승기신론」 내용의 핵심이 뭐죠? 금으로 된 섬에 각자가 다 금이라는 것을 이해하고 믿어라, 그 말입니다. 「대승기신론」 핵심이 그것입니다. 그렇게만 믿기만 하면 아무 문제가 없습니다. 그래서 부처님 가르침에 나아가려면 먼저 대신심大信心, 부처님에 대한 믿음, 내가 부처다, 하는 믿음을 갖고 들어가면 그때부터 문제가 싹 사라지기 시작합니다. 그게 「대승기신론」의 핵심입니다. 크나큰 믿음이 완전히 자리가 잡혀서, 부처님 가르침을 완전히 이해할 수 있다는 게 「대승기신론」의 내용입니다. 그러면 걱정할 것이 하나도 없죠. 모든 것이 금이라는 것이 마음속에 자리 잡혔을 때 믿음이 생깁니다. 대승의 큰 믿음을 일으키는 겁니다. 믿음만 있으면 아무 문제가 없습니다. 그렇게 공부하시면 됩니다.

30

•

에고를 붓다로 꽃피워라

자기 '아我'를 갖는 것은 아름다운 겁니다. 실제로 그렇죠.
제가 '아'를 버려라, 자아의식을 버려라, 이렇게 말하지만,
실제 '아'라고 하는 것은 아름답죠. 꽃도 그대로 아름답고,
나무는 나무대로, 동물은 동물대로 다 자기 '아'로서 상相을
피우잖아요. 아름다운 겁니다. 그런데 제가 자꾸 '아'를 버
려라, 자아의식을 버려라, 그것은 거짓이다, 이렇게 말하는
데 그것은 전체적인 틀 안에서 자기가 전체의 일부분이다,
라는 분명한 인지가 자리 잡혔을 때 집執이 사라진다는 뜻
입니다. 아我는 살아남지만 집執은 사라져야 한다는 겁니다.

법法도 마찬가지죠. 진리라고 하는 법은 자기 홀로 진리
가 있는 것이 아니고, 진리는 완벽하게 전체인 것입니다. 전
체인데 내가 진리에 대해서 안다, 이렇게 자기 진리를 주장
하게 되거나 거기에 집착해서 자기 상, 법에 대한 상을 내며

우쭐하면 그게 아집我執, 법집法執이 돼서 결국 자기 자신을 미혹하게 해버리는 겁니다. 그래서 법法은 있지만 집執은 버려야 합니다. 아我는 있지만 집執은 버리는 것입니다. 그것을 사람들이 자꾸 이해를 잘 못합니다.

들꽃이 아름답게 피는 게 얼마나 아름다워요. 그런데 들에 피는 꽃은 아름답게 피지만, 그것은 존재계 전체에 피어나야 합니다. 존재계 전체의 힘에 의해서 자기가 존재하는 삶이어야 합니다. 존재계 전체는 다 팽개쳐버리고 나 혼자 우쭐하면, 존재계 전체가 혼란해지고, 사랑과 자비는 사라져버리고, 끊임없이 세상을 미혹하게 합니다. 전체적인 인식, 전체적인 자각이 자리잡으면 그 '아'는 집착하는 '아'가 아닌, 전체의 한 부분으로서 아름답게 피어나는 '아'가 되는 겁니다. 그래서 아집과 법집의 집執이 다 떨어져 나가야 하는 겁니다.

아我는 있지만 집執은 버리는 것

부처님 상호가 32상三十二相 80종호八十種好죠. 그 상相이라고 하는 것은 완전함의 상을 말합니다. 완전함의 상은 전체적인 상이거든요. 전체적인 완전함의 상을 갖췄을 때 그 상은 아름답고 대자대비의 상이죠. 자기 에고의 장난에 놀아나는 상은 남을 괴롭히고 힘들게 합니다. 같은 상相이라 하더라도 에고를 강화하는 행위나 말은 남도 해를 주고 자기도 힘들게 합니다. 같은 상이라도 부처님의 32상 80종호로 향하는, 진리로 향하는 아름다운 상과 자기를 끊임없이 강화하는 상은 구분됩니다. 상을 없애라, 말할 때 그 '없애라'는 말은 집執을 버리라, 이런 얘기입니다. 상은 꽃피어야 하죠. 자꾸 공부하다 보면 제가 쓰는 언어가 무슨 말인지 다 알게 될 겁니다.

제가 늘 얘기하는 평등성의 지혜, 내가 가장 위대하고, 불성을 가진 위대한 존재이고, 모든 가능성을 가진 위대한 존재이며, 동시에 모든 존재가 완전하게 평등하다, 이런 마음이 분명하게 자리가 잡혀야 합니다. 평등성의 지혜, 그 바탕 위에 피어나는 상은 집착, 집이 있는 상이 아니고, 아집이나 법집이 있는 상이 아니고, 세상을 이롭게 하는, 아름다운 꽃이 피어나는 상이 되는 겁니다.

제가 자꾸 상을 없애고, 자아의식을 없애라, 자아의식을 버려라, 아집이나 법집을 버려라, 이렇게 말했을 때, 그런 평등성의 지혜가 분명하게 자리가 잡혀야 합니다. 그때부터 이 공부가 시작이죠. 평등성, 모두가 다 위대한 부처다, 불성을 가진 존재다, 하찮게 본다거나 경멸하게 본다거나 나쁘게 본다는 이런 마음이 없이 다 위대한 존재다, 다만 잠시 미혹 속에 있을 뿐이다, 하는 이런 마음이 완벽하게 자리 잡혔을 때, 우리가 갖고 있는 상은 아름답게 피어나는 상입니다. 그렇게 자아의식을, 에고를 내려놓을 수가 있습니다. 안 그러면 내려놓기 어렵습니다. 깨달음으로 향하는, 부처가 되는 첫걸음의 마음이 바로 평등성의 지혜입니다.

진리 전체가 나를 통해서 말한다

자아의식, 칠식七識이라고 그럽니다. '아'라고 하는 이 자아의식이 진리 쪽으로 향해서 나아가면 아치我癡·아견我見·아만我慢·아애我愛가 진리 쪽으로 향하면서 붓다로 피어납니다. 그게 올바른 자아의식의 개화입니다. 자아의식을 버리라고 말할 때는 버려질 수 있는 것이 아니고, 꽃이 피어나야 합니다. 아름답게 피어나야 합니다. 평등성의 지혜로 피어나야 합니다.

내 마음속에 모두 평등하다, 이 마음이 자리 잡혔을 때 불이不二입니다. 그런 마음이 자리 잡혔을 때 피어나는 상은 하나이면서 둘이고, 둘이면서 하나입니다. 그때 개아個我가 꽃피어난다는 겁니다. 이 평등성의 지혜가 자리 잡혔을 때

꽃피는 개아는 아름답고 자기 주장도 할 수가 있는 겁니다. 이때 자기 주장은 평등성의 전체, 우주 전체, 진리 전체가 주장하는 겁니다. 내 개아가 말하는 게 아니고, 전체 진리가 나를 통해서 이구동성으로 말하는 겁니다.

모든 드러난 현상계들은 실제의 현상계가 아닙니다. 우리가 보는 것은 각자 의식의 상태에 따라서 우리가 그렇게 볼 뿐이지, 우리 의식이나 우리가 보는 관념이 달라지면 그렇게 안 봅니다. 그러니까 인정할 필요가 없는 거예요. 우리 의식 수준이 이 정도이기 때문에 이렇게 보이는 것이지 실제는 그렇지 않습니다.

수행이라는 말도 원래 필요가 없는 것입니다. 내 전도된 몽상이 한순간 착각에서 벗어나 뒤바뀐 생각에서 찰나에 벗어나면 깨달음이지, 수행이라는 단어는 필요가 없는 겁니다. 깨닫고 나서 그 깨달음을 잘 지켜나가면 되는 겁니다. 그런 바탕에서 부처님의 가르침을 내가 받아들이고 수용하고 또 배우고 하면 전체가 제대로 들어옵니다.

그렇지 않으면, '에고'라고 하는 것은 너무나 미묘해서 틈만 나면 주장을 하게 됩니다. 그것을 허물로 삼기보다는 항상 마음속에 불이성과 전체성, 평등성 이 마음을 놓치지 않아야 합니다. 불이, 평등, 전체, 일심, 하나, 이런 단어들이 내 마음속에 완전히 자리 잡혔을 때 항상 전체가 행위하는

것입니다. 개아가 움직이더라도 이것은 전체가 움직이는 겁
니다.

31

선지식의 마음

우리가 애착 갖고 있던 어떤 것들, 만약에 어떤 음식을 좋아
하면 그게 내 몸에 딱 달라붙습니다. 내가 선호하고 집착했
던 것에 보이지 않는 접착제가 딱 달라붙어 있습니다. 그러
면 그것은 언제든지 생각으로 일어납니다. 그래서 그것 떼
어내기가 어려운 겁니다. 마찬가지로 내가 보리심으로 중
생을 이익되게 하겠다, 이 생각을 완전히 접착제로 내 마음
에 붙여놔야 돼요. 붙여놓기만 하면 이게 바로 인因을 심는
다는 겁니다. 그 인만 심어놓으면 안 떨어지기 때문에 생각
을 안 하려고 해도 하게 되고, 도망을 갈 수가 없어요. 도망
을 안 갈 때까지 계속 접착제로 붙여야 됩니다. 마음의 접착
제로. 그래야지 딴 망념이 침범을 못해요. 그러기 전까지는
끝도 없이 침범합니다.

　그래서 일념一念을 잘해야 합니다. 한 생각이 지극하게 이

어지도록 해야 합니다. 「법성게」에서 '일념즉시무량겁一念卽是無量劫'이라고 그러잖아요. 한 생각 인因을 심어, 접착제처럼 딱 붙어버리면 영원히 무량겁까지 가는 겁니다. 그래서 처음에 인을 심는 것이 중요합니다. 일대사인연一大事因緣, 가장 위대한 것을 접착제로 심어놓아야 합니다.

보리심을 낸 자, 모든 불보살님이 지켜준다

애착과 집착은 한번 붙으면 떼어내기가 참 어렵습니다. 가장 큰 일의 인因을 딱 심어놔야 다른 게 안 들어옵니다. 그래서 "발보리심發菩提心해서 요익중생饒益衆生하겠다."는 것을 접착제로 야무지게 딱 붙여놓으라는 겁니다. 그냥 입에서 발보리심이 툭툭 튀어나오도록 해야 합니다. 그게 완전히 붙어버리면 이제 걱정할 것 없이, 악도는 안 가고 반드시 성불할 수 있습니다. 이제, 잘못 들여놓은 습관들, 세속적인 오욕락들, 이런 것들은 언제든지 잡아서 떼야 합니다.

　모든 생명을 가진 존재들은 제일 높은 존재에게 의지하게 돼 있습니다. 어디로 가야 될지 모르고, 생명이 뭔지도 모르고, 진리가 뭔지도 모르고, 죽고 사는 문제를 어떻게 해결해야 할지도 모르고, 어디로 어떻게 가는지도 모르는 막

막한 암혹 속에 모든 존재가 다 있는데, 은연중에 한 사람의 붓다가 태어나기를 모든 존재가 바라고 있는 것이죠. 그러니까 깨달음을 얻겠다고 발심하고, 보리심을 발해서 모든 중생을 이익케 하겠다고 마음을 내면, 모든 존재가 기뻐하며 축복하고 도와줍니다. 왜냐하면 모든 존재가 혜택을 볼 수 있으니까요.

모든 존재가 슬퍼하는 이유는 오욕락에 빠져서 존재계 전체를 훼방 놓는 사람이 있기 때문입니다. 우리가 비행기를 타잖아요. 그러면 우리가 의지할 사람은 누구죠? 기장이죠. 조종사가 우리를 편안하게 잘 모셔주기를 다 손꼽아 기대하고 바랍니다. 마찬가지로 이 지구 땅덩이를 이끌며 모든 생명을 해탈시키고, 모든 생명에게 영원한 자유와 행복을 주기 위해서는, 반드시 깨달은 사람이 나와야 합니다. 그래서 존재계 전체가 깨달은 사람이 출현하길 고대하는 겁니다. 그 염원에 의해서 부처님께서 출현하신 겁니다. 위대한 깨달음을 얻은 붓다는 반드시 모든 존재의 염원에 의해서 탄생하게 됩니다. 그러니까 얼마나 바라겠어요. 진실로 대승의 마음을 내고 보리심을 발하고 중생을 이익되게 하겠다고 간절하게 마음을 내면 전 존재가 축복을 해줍니다. 모든 존재가 얼마나 고대하고 바라는 줄 아세요? 그걸 우리가 알아야 합니다.

대승의 마음을 낸 자, 보리심을 발해서 반드시 중생을 다 이끌어서 깨달음을 얻게 해주겠다는 보리심을 발한 자는 보리심을 발한 그 순간에 모든 불보살님들이 보호해주고 지켜줍니다. 그래서 진실로 결정심決定心을 내서 보리심을 발하라는 겁니다. 진실로 보리심을 발하는 자는 반드시 깨달아 부처가 될 수밖에 없어요. 왜냐면 전 존재가 보호를 해주고, 지켜주고, 깨달음의 길로 인도하니까요. 대승의 핵심이 그것입니다.

등불이 꺼지지 않도록 하는 게 선지식 책무

내가 깨달을 때까지 불보살님의 보호를 받고 싶다면 중생을 이익되게 하겠다는 이 마음을 심어야 합니다. 이 인因을 심어야 합니다. 이 남섬부주南贍部洲인 지구를 운전하는 운전사가 없으면 어떻게 되겠어요? 존재계 전체가 불안해집니다. 그래서 부처님께서 한번 출현하면 존재계 전체가 그냥 축복입니다. 지금 부처님께서 안 계시잖아요. 많은 예비 후보자들이 서로 이 지구를 운전해 가려고 애를 쓰고 있습니다. 보리심을 발하는 중생이 끝도 없이 많이 나와야 합니다.

비행기를 몰고 가는 기장이 운전하다가 죽었습니다. 그러면 비행기를 조종할 수 있는 사람이 대신 운전을 해야 합니다. 승객들이 얼마나 불안하겠어요. 또 기장을 대신해서 조종하려는 사람은 얼마나 마음이 불안하겠어요. 지금 석가모니 부처님이 안 계시는데 많은 선지식들 마음이 그와 같다는 겁니다. 부처님이 안 계시는 이 지구에 저 사람들을, 다음 미륵 부처님이 출현하실 때까지 등불을 꺼트리지 않고, 악도에 떨어지지 않고, 깨달음 쪽으로 향하도록 어떻게 가르칠까, 이런 마음들 때문에 잠을 잘 수가 없어요.

지금 선지식들이 이런 상태입니다. 부처님께서 안 계실 때 그 꺼져가는 등불을 이어가면서 중생을 이익되게 하려고 합니다. 선지식들은 반드시 등불을 이어갈 수 있는 사람들을 찾아야 합니다. 꺼지면 안 돼요. 선지식들이 그 등불을 이어가도록 무수하게 애를 쓰고 계십니다. 만약에 등불을 이어가지 못하면 그게 죄악이죠. 선지식들이 등불을 이어가도록 사람을 교육시키고 가르치지 않으면 죄악이라니까요. 그게 부처님을 아주 욕되게 하는 것입니다. 그렇기 때문에 깨달음을 전해주고, 깨닫게 해줘야 하는 간절한 마음으로 중생을 공부시키는 겁니다. 딴 목적이 아무것도 없어요. 무조건 가르쳐서 다 깨닫게 해주는 이 일만 해야 합니다.

그러니까 어떻게든지 등불을 이어가면서 운전할 수 있도록 반드시 깨달음을 얻을 수 있는 사람들을 교육시켜서 깨닫게 해줘야 합니다. 만약에 그런 것이 없다면 선지식은 부처님만 팔아먹고 산다고 봐야 해요. 불이 꺼지지 않도록 하는 게 선지식의 책무입니다. 그러니까 선지식들은 세상을 돌아다니면서, 저자거리를 돌아다니면서, 근기가 있는 사람 찾으려고 혈안이 되어서 살아야 합니다.

32

고통을 감내하다

요즘 사람들은 인과법을 무시합니다. 인과법을 알지 못하고 무시하기 때문에 세상이 오탁악세五濁惡世입니다. 당장 눈앞에 안 나타나니까요. 공부를 잘하면 잘할수록 업業이 빠르게 나타납니다. 공부를 잘하면 과거의 수많은 업이 퍼뜩퍼뜩 발현이 많이 됩니다. 그때마다 실망하거나 믿음을 놓치면 안 돼요. 기도 많이 하고 공부 잘하는데 왜 자꾸 힘들어지지? 이러면 안 됩니다. 더 공부를 열심히 하시다 보면, 어려운 일들이 많이 생깁니다. 이때 조심하셔야 합니다. 빨리 해결을 봐야지 끝나는 것입니다. 도의 맛이 그런 겁니다. 도道가 높아지면 마魔도 성한다고 하듯이 업보가 해결되려고 하다 보면 그런 현상이 나타나기도 합니다.

그래서 절대 믿음을 놓지 마라, 어떤 일이 있더라도, 내가 숨이 넘어가는 순간에도 부처님에 대한 믿음 놓지 마라, 감사하게 여기라, 이러는 겁니다. 몸이 많이 아프고 힘들 때, '이 정도 아픈 몸 가지고 중생들의 아픔이 조금이라도 소멸될 수 있을까? 더 많이 아파야 하는데….' 이런 생각을 한번 해보면 참 좋습니다. 제가 가끔 그런 생각을 합니다.

무문관 3년 수행할 때 한 달 동안 열이 40도까지 올랐습니다. 열이 40도면 생명이 위험하죠. 거의 뇌가 파괴됩니다. 이유는 뭔지 모르겠습니다. 뭐 빼빼 말랐죠. 그럴 때 제가 사유를 한 번씩 해봅니다. 이렇게 아픈 것으로 중생의 고통이 소멸되면 좋을 텐데 아무래도 부족한 것 같아, 더 아파야 하는데, 더 아프면 중생들의 고통이 좀 더 소멸되지 않을까, 이런 생각을 했습니다. 내가 아플 때, 그때 이런 생각을 하면 아픈 것을 충분히 참아내고 감내할 수 있는 힘이 생깁니다. 그렇게 사유를 해볼 필요가 있습니다. 내가 좀 더 아프면 다른 분들의 고통이 줄어들 수 있을 텐데 이 정도 아픔으로 중생의 고통이 줄어들겠느냐, 이런 생각을 한 번씩 해보면 참 많은 변화가 오고, 자기 고통을 감내할 수 있습니다.

도 깨치고 성불하면 고통이 없지 않은가, 이렇게 생각하는 분들이 의외로 많습니다. 만약 고통이 느껴지지 않는다면, 의학적으로 이건 병자라고 볼 수 있습니다. 마취제로 마취시키면 고통이 없을 수도 있죠. 그렇지만 생생하게 살아 있는 존재는 고통이 필요합니다. 부처님의 고통도 그러합니다. 부처님도 고통을 느끼십니다. 다만 이런 마음으로 고통을 대하신 겁니다. '이 정도 고통으로는 중생의 고통이 해결이 안 될 것 같아, 더 고통이 심해도 나는 중생을 생각해서 참을 수 있겠어.' 우리도 마찬가지입니다. 이런 마음을 먹으면 고통을 달게 감내할 수가 있어요. 그래서 똑같은 고통이라도 그 고통의 맛이 다릅니다.

부처님의 말죽이 감로 맛으로 변한 까닭

어느 날 부처님께서 왕의 초청을 받아서 안거를 나기 위해 갔습니다. 그런데 부처님께서 대중과 함께 궁으로 갔더니 궁에서 공양 준비를 하나도 안 해놓은 겁니다. 부랴부랴 공양을 준비한 것이 말이 먹는 말죽뿐이었습니다. 대중들과 부처님께서 별수 없이 말죽을 먹게 되었죠. 아난 존자는 이를 보고 너무 슬퍼했습니다. 어떻게 이럴 수가 있느냐? 왕이 분명히 이번 안거 때에는 모든 곡식을 다 대준다고 하셨는데, 왕이 그걸 다 잊어버리고 어디론가 가버리다니!

사실, 부처님께서 말죽을 드시게 된 까닭은 부처님 과거 생의 업보 때문입니다. 부처님께서 과거 생에 험담했던 일이 있었는데, 그 업보를 받은 겁니다. 부처님이 되시고 나서

도 그 업보를 받기 때문에 대중들과 말죽을 드시게 된 겁니다. 이 사실을 모르는 아난 존자가 너무 억울해서, 우린 괜찮은데, 부처님은 드시면 안 됩니다, 그러죠. 그러자 부처님께서 아난에게 당신의 말죽을 내밀면서 "한번 먹어봐라, 괜찮다."라고 하시죠. 아난이 말죽을 먹어보니 너무 달았습니다. 감로입니다. 그런 겁니다. 다른 대중들도 똑같이 말죽을 먹었는데, 부처님 그릇에 있는 말죽은 감로인 겁니다. 감내했기 때문에 감로인 겁니다. 말죽 자체가 변한 건 아니지만, 부처님의 감내하는 마음 때문에 그 맛이 감로로 변해버린 겁니다.

그러니까 감내하는 마음, 다른 사람의 고통을 짊어지고 갈 수 있는 그런 마음이 필요합니다. 내가 받는 이 고통은 중생들이 받는 고통에 비할 바가 아니다, 내가 지금 받는 고통이 조금이라도 다른 사람의 고통을 대신하는 고통이라면 내가 달게 받겠다, 더 고통이 와도 좋겠다, 이런 마음을 먹으면 변화가 옵니다. 숭고하고 순수한 마음은 많은 변화를 주고, 감로로 바뀝니다. 대승 보리심을 발한 사람은 그런 마음이 필요합니다. 그렇게 하면 큰 변화가 옵니다.

일일기도문

지극한 마음으로
불·법·승 삼보에 귀의 하오며,
무지 무명으로 지었던
지난 과거의 모든 잘못들을
진심으로 참회하오며,
앞으로는 부처님의 가르침에 의지하여,
반야의 지혜와 자비의 방편으로,
보리심을 일구며,
세세생생 보살도의 삶을 살겠습니다.

참회진언 : 옴 살바 못자 모지 사다야 사바하 (3번)
발보리심 진언 : 옴 보디지땀 우뜨 빠다야미 (3번)

원하옵나니, 이 공덕이 일체에 두루하여,
나와 모든 중생들이 극락세계 왕생하고,
무량수 무량광 아미타 부처님을 뵈어,
다 함께 성불하여 지이다.

(매일 아침·저녁 지극한 마음으로 독송합니다.)

정봉무무頂峰無無 스님

1953년 함양에서 의사의 아들로 태어났다. 어릴 때부터 하늘과 우주의 끝을 보며 죽음에 대한 깊은 사색에 잠겼다. 중학교를 졸업한 후 세상을 배우고자 이발소, 양복점, 신발공장, 보험회사, 택시·버스·트럭 운전 등 온갖 직업을 가졌다. 32세에 이 세상의 모든 미련이 떨어지고 문득 자신이 끝없는 하늘 같이 비어있음을 보았다. 이후 송광사로 출가하여 여러 선지식을 참방하며 수행했으며, 1994년 지리산에서 3년 동굴 수행을 마치고 지리산 자락 맥전마을에서 수행하면서 인연있는 사람들에게 안심법문을 전하고 있다. 대만 불자들과의 인연으로 대만에서 『一大事因緣』, 『入流亡所』가 출간되었다.

스님의 법문은 제자 천진 스님과 현현 스님이 운영하는 보리심의 새싹(https://borisim.net)에서 만날 수 있다.

정봉무무 스님의 소참법문

잠자는 붓다 깨우기

초판 1쇄 발행 2022년 10월 25일

초판 2쇄 발행 2023년 2월 1일

지은이 정봉무무 스님

발행인 김미숙

편집인 김성동

펴낸곳 도서출판 어의운하

주소 경기도 고양시 일산서구 덕이로 250

전화 070-4410-8050

팩시밀리 0303-3444-8050

페이스북 https://www.facebook.com/you-think

블로그 https://blog.naver.com/you-think

이메일 you-think@naver.com

출판등록 제406-2018-000137

ISBN 979-11-977080-1-5 (03220)